Schöningh
westermann

EinFach
Deutsch

Gotthold Ephraim Lessing

Nathan der Weise

... verstehen

Erarbeitet von
Alexandra Wölke

Herausgegeben von
Johannes Diekhans
Michael Völkl

Bildnachweis

|akg-images GmbH, Berlin: 71, 77. |Ateliertheater Wien, Wien: 122. |Aumüller, Barbara, Frankfurt/M.: 59. |Kassing, Reinhild, Kassel: 153, 153. |Lutz Roeßler, Lübeck: 103. |Meiniger Staatstheater, Meiningen: Benjamin Krüger als Tempelherr und Marianne Thielmann als Daja in Thomas Langes Meininger Inszenierung von „Nathan der Weise" – foto-ed.de 48. |Picture-Alliance GmbH, Frankfurt/M.: Wolfgang Hilse 100. |Rothweiler, Sonja, Düsseldorf: 113. |Salzburger Festspielfonds, Archiv-Leitung, A-Salzburg: Foto Weber 18. |Schauspielbühnen Stuttgart, Stuttgart: Foto: Jürgen Frahm 40. |Volkstheater Rostock GmbH, Rostock: Foto: Dorit Gätjen 31. |Vorpommerschen Landesbühne Anklam, Anklam: 144.

Wir arbeiten sehr sorgfältig daran, für alle verwendeten Abbildungen die Rechteinhaberinnen und Rechteinhaber zu ermitteln. Sollte uns dies im Einzelfall nicht vollständig gelungen sein, werden berechtigte Ansprüche selbstverständlich im Rahmen der üblichen Vereinbarungen abgegolten.

westermann GRUPPE

Druck A[7] / Jahr 2021
Alle Drucke der Serie A sind im Unterricht parallel verwendbar.

Umschlaggestaltung: Nora Krull, Bielefeld
Umschlagbild: Reinhild Kassing, Kassel
Druck und Bindung: Westermann Druck Zwickau GmbH

ISBN 978-3-14-**022526**-7

Inhaltsverzeichnis

An die Leserin und den Leser

Liebe Leserin, lieber Leser!

„Lasst lächelnd wenigstens ihr einen Wahn,/In dem sich Jud' und Christ und Muselmann/Vereinigen, – so einen süßen Wahn!" (V. 151 ff.)[1]

Der Ausspruch aus dem Drama zeigt die Zumutung und den Anspruch, den Lessing mit seinem dramatischen Gedicht „Nathan der Weise" erhebt: die Utopie einer Versöhnung von Juden, Christen und Muslimen. Nach vielen Wirren finden sie sich als Angehörige einer leiblichen und geistigen Familie wieder und schaffen es, sich gegenseitig in die Arme zu fallen.
Angesichts von Auschwitz, angesichts des 11. September 2001 lächerlich? Überholt? Das Produkt eines realitätsfernen, durch die Geschichte widerlegten Optimismus der Aufklärung? So sieht es nicht nur George Tabori, ein jüdischer Theaterregisseur, der seinem Widerspruch zu Lessings Friedensvision in Form seiner Antiversion „Nathans Tod. Frei nach Lessing" Gestalt verleiht.
Und dennoch – gerade nach 1945 und 2001 inszenieren die Bühnen in Deutschland, New York und vielen anderen Teilen der Welt gehäuft den „Nathan". Das Stück mit seiner gleichermaßen konflikthaften und versöhnlichen Begegnung zwischen Vertretern aller drei abrahamischen Weltreligionen spielt im Mittelalter, zur Zeit der Kreuzzüge: Christen kämpfen gegen Muslime um die Vorherrschaft im Heiligen Land, Juden werden gesellschaftlich isoliert und verfolgt. Zugleich veranschaulicht es auch interreligiöse Konflikte zur Entstehungszeit, im Deutschland des 18. Jahr-

[1] Sämtliche Stellenangaben beziehen sich auf die im Literaturverzeichnis aufgeführte Textausgabe des Schöningh Verlags.

hunderts. Christliche Orthodoxe erschweren die Veröffentlichung von Schriften und die Aufführung von Theaterstücken Andersdenkender. Der jüdische Gelehrte Moses Mendelssohn, ein Freund Lessings, muss sich eine öffentliche Provokation gefallen lassen: Er solle entweder die philosophische Begründung des Christentums widerlegen oder möge konvertieren. Mit einem Blick auf die Geschichte danach lässt sich fragen, ob es eine Zeit gegeben hat, in welcher die Thematik einmal nicht von brennender Aktualität gewesen ist, und ob es eine solche wohl jemals geben wird.

Lessing schreibt sein Stück so, wie seine Aufführung bis heute oft gesehen wird – als „grandioses Dennoch und Trotzdem"[1]. Er fordert eine Toleranz, die weh tut, weil sie unschöne Selbsterkenntnisse und die Preisgabe tief verwurzelter Vorurteile voraussetzt. Er zeichnet eine Vision vom Frieden zwischen den Religionen inmitten des fanatisierten Hasses und des eigennützigen Strebens nach Macht. Und er glaubt selbst nicht daran, sein Stück jemals auf einer Bühne zu sehen. Damit behält er zunächst Recht. Heute gehört es jedoch zu den meist aufgeführten, ununterbrochen gespielten Schauspielen der Welt. Und dies, obwohl sein Anspruch noch immer uneingelöst bleibt. Und obwohl eine glaubwürdige Inszenierung der allseitigen Umarmungen von Christen, Muslimen und dem Juden vor dem Fall des Vorhangs eine bleibende Herausforderung darstellt und oftmals eine Relativierung erfahren hat.

Wie immer Ihr eigenes Urteil über das Werk ausfällt – ich wünsche Ihnen viel Spaß beim Lesen und Verstehen.

Alexandra Wölke

---

[1] Kuschel, Karl-Josef: „Jud, Christ und Muselmann vereinigt"? Lessings „Nathan der Weise". Düsseldorf 2004, S. 13

Der Inhalt im Überblick

Der Schauplatz: Das mittelalterliche Jerusalem zur Zeit der Kreuzzüge

Jerusalem im Jahr 1192, zur Zeit des dritten Kreuzzugs: Es herrscht eine Atempause im erbitterten Kampf zwischen Christen und Muslimen um die Vorherrschaft in der Heiligen Stadt. Der muslimische Herrscher Saladin hat mit den christlichen Kreuzfahrern ein Waffenstillstandsabkommen getroffen, welches von den Tempelrittern (Tempelherren), einem christlichen Orden, gebrochen wurde. Saladin will das Schweigen der Waffen wieder herstellen und durch geschickte Heiratspolitik festigen.

Außergewöhnlich tolerante Taten von Vertretern unterschiedlicher Religionen

Drei angesichts dieses fragilen Friedenszustands außergewöhnliche Taten gehen der Dramenhandlung voran: Der Jude Nathan hat nach dem von Christen verübten Mord an seiner Familie die christlich getaufte Tochter seines Freundes Wolf von Filnek aufgenommen und erzieht sie seitdem als seine Tochter. Sultan Saladin hat nach einem Teilsieg über christliche Angreifer einen einzigen christlichen Tempelherrn begnadigt, weil dieser seinem verschollenen Bruder Assad ähnelt. Besagter Tempelherr wiederum hat das mittlerweile jugendliche Mädchen, Recha, die vermeintliche Tochter Nathans, aus den Flammen des brennenden Hauses Nathans gerettet.

Der Tempelherr und Nathan schließen eine Freundschaft, die sogleich wieder infrage gestellt wird

Als Nathan heimkehrt, erfährt er von Daja, der christlichen Gesellschafterin seiner Tochter, von der Rettungstat und will dem Tempelherrn seinen Dank bezeugen. Dies erweist sich jedoch angesichts von dessen tief verwurzelten antijüdischen Vorurteilen als schwierig und gelingt Nathan erst nach einem intensiven, erzieherischen Gespräch. Der Tempelherr willigt in ein Wiedersehen mit Recha in Nathans Haus ein und verliebt sich sogleich in sie. Als er Nathan stürmisch um die Hand von dessen vermeintlicher Tochter bittet und dieser ihm diesen Wunsch nicht sogleich gewähren will, stellt er die gerade gewonnene Freundschaft wieder infrage. Nathan hat zu diesem Zeitpunkt bereits den Verdacht, dass der Tempelherr Rechas Bruder sein könnte.

Die Geldsorgen des Sultans und der listige Plan seiner Schwester

Derweil hat Sultan Saladin finanzielle Schwierigkeiten. Seine Schwester Sittah weiß von dem sagenhaften Reichtum Nathans, den man auch „den Weisen“ nennt. Sie erdenkt einen Plan, um an sein Geld zu kommen: Saladin solle ihn unter dem Vorwand in den Palast schaffen, von ihm die Antwort auf die Frage nach der wahren Religion erfahren zu wollen. Durch diese verfängliche Frage in die Enge gedrängt, wäre es ein Leichtes, an sein Geld zu kommen.

Nathan erzählt dem Sultan die Ringparabel und gewinnt dessen Freundschaft

Im Palast antwortet Nathan dem Sultan mit einem „Märchen“, der Ringparabel. Er vergleicht dabei die Streitigkeiten um die wahre Religion mit einem Erbstreit von drei Söhnen um einen Ring. Dieser hat die Kraft, seinen Träger vor Gott und den Menschen angenehm zu machen. Ein Vater hat aus Liebe zu seinen Söhnen zwei weitere Ringe anfertigen lassen und ihnen auf dem Sterbebett je einen davon vererbt. Ein hinzugezogener Richter verweigert das Urteil, vertagt die Entscheidung um „tausend, tausend Jahre“ und gibt den Söhnen den Rat, die Echtheit ihres Rings bis dahin durch gute Taten an den Menschen zu erweisen. Saladin reagiert beschämt und bittet um Nathans Freundschaft. Dieser nimmt an und bietet dem Sultan freiwillig sein Geld, einen Kredit, an.

Daja und der Tempelherr verraten Nathan und bringen ihn damit in Gefahr

Daja, die um die christliche Herkunft Rechas weiß, will diese mit dem Tempelherrn verkuppeln, weil sie hofft, mit beiden in ihre Heimat Europa zurückkehren zu können. Als christliche Fanatikerin fürchtet sie zudem um das ewige Seelenheil der getauften Christin und will sie ihrer wahren Religion zuführen. Als sie von Nathans zögerlicher Reaktion hört, eröffnet sie dem Tempelherrn die Wahrheit über die christliche Herkunft Rechas. Dieser wendet sich sogleich Rat suchend an den christlichen Patriarchen, nennt aber nicht Nathans Namen. Der Patriarch, dem die Annahme des Christenkindes durch einen Andersgläubigen als Sünde erscheint, will den ungenannten Juden sogleich finden und verbrennen lassen. Er schickt seinen unwilligen Boten, den Klosterbruder, aus, um ihn zu suchen.

Der Tempelherr – Ein Neffe des Sultans?

Saladin mutmaßt, dass der Tempelherr der Sohn seines Bruders Assad und einer Christin und somit sein Neffe ist. Als dieser ihn aufsucht, bietet er ihm deshalb an, im Palast zu bleiben, ist dann aber über seinen Bericht über die jüngsten Ereignisse entsetzt. Zwar will er den Tempelherrn darin unterstützen, Recha zur Frau zu bekommen, findet aber den Groll des Tempelherrn auf Nathan unverhältnismäßig. Seine Schwester Sittah schlägt vor, Recha in den Palast holen zu lassen.

Der Klosterbruder warnt Nathan und hilft dabei, Rechas Verwandtschaftsverhältnisse aufzuklären

Der Klosterbruder findet Nathan in seinem Haus. Statt ihn auszuliefern, will er ihn warnen. Er berichtet von seiner eigenen Verwicklung in die Geschichte: Er selbst sei damals Reitknecht eines Mannes namens Wolf von Filnek gewesen und habe das Mädchen an Nathan übergeben. Nathan ist erleichtert und erzählt dem Klosterbruder von dem Verlust seiner Familie in den Flammen und den darauf folgenden Hassgefühlen auf die Christen. Die Stimme der Vernunft habe ihn damals aufgefordert, sich wieder aufzurichten. Sich um das Mädchen zu kümmern, sei ein Zeichen seiner Gottergebenheit. Der Klosterbruder zollt Nathan höchstes Lob und versichert ihm, dass die Geschichte noch ein gutes Ende nehmen könne. Er habe von dem Vater des Mädchens ein Buch mit einem Stammbaum darin. Er verspricht, es Nathan zu überlassen.

Als Nathan erfährt, dass Recha in den Palast geholt wurde, eilt er sogleich hinterher. Auf dem Weg trifft er auf einen zerknirschten Tempelherrn, der zugibt, ihn beinahe verraten zu haben. Stürmisch bittet der Tempelherr ihn erneut um die Hand Rechas. Nathan wiegelt ab und verweist auf einen Bruder, den er zuerst fragen müsse und den er im Palast antreffen könne.

Die Zusammenführung der Menschheitsfamilie von Juden, Christen und Muslimen

Als sie dort angelangen, finden sie Recha aufgelöst vor. Daja habe ihr eröffnet, dass Nathan nicht ihr Vater sei. Dieser bejaht dies, bietet ihr jedoch weiterhin seine geistige Vaterschaft an. Auf die enttäuschte Reaktion des Tempelherrn, dem Recha wenig Beachtung schenkt, reagiert Nathan mit der Aufklärung der wahren Verwandtschaftsverhältnisse. Beide seien tatsächlich Geschwister und Kinder seines damaligen Freundes Wolf von Filnek. Dieser habe sie nach dem Tod seiner Frau und angesichts des Krieges in fremde Obhut geben müssen.

In einem Seitengespräch vergewissert sich Saladin bei Nathan, dass es sich bei Wolf von Filnek um seinen verschollenen Bruder Assad handelt. Er erkennt sogleich die Geschwister als Teile seiner Familie an. Es wird deutlich, dass der Jude, die Christen und die Muslime einer großen Familie angehören. Alle umarmen sich gegenseitig und erkennen, dass sie gemeinsame Wurzeln haben und aufeinander angewiesen sind.

Die Personenkonstellation

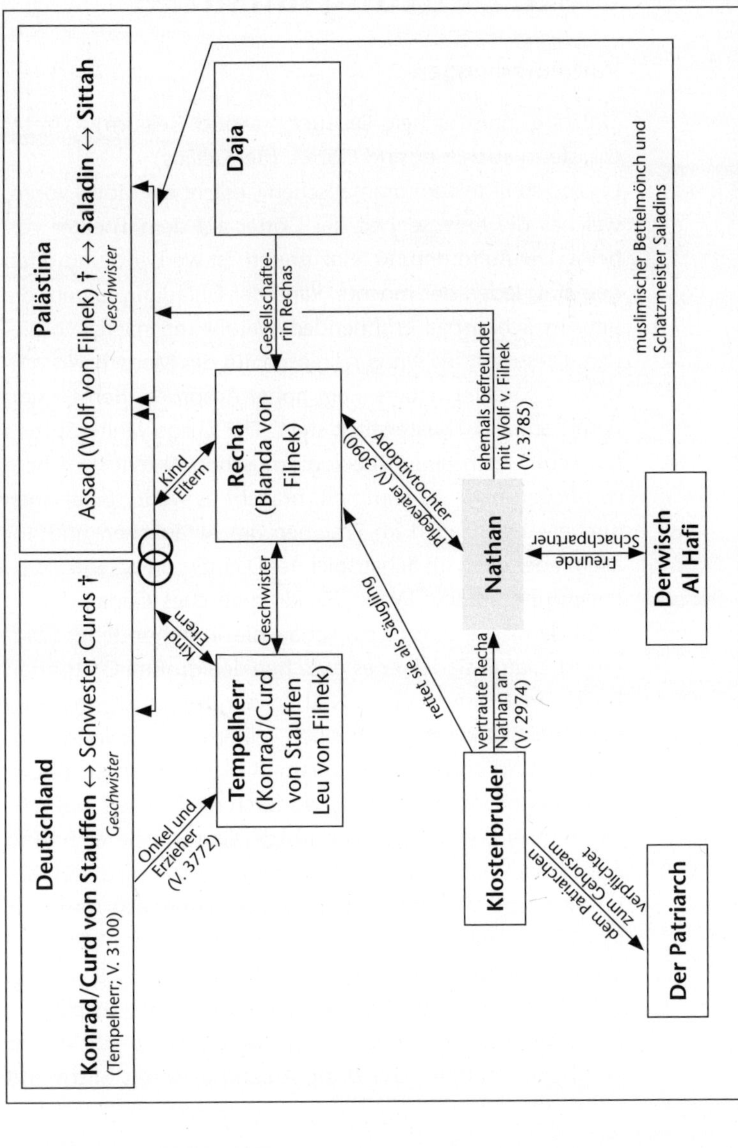

Inhalt, Aufbau und erste Deutungsansätze

Vorbemerkungen

„Introite, nam et heic Dii sunt." (Apud Gellium) – Tretet ein, denn auch hier sind Götter. (Bei Gellius)

Das Motto – Die Leistung des Theaters

Lessing stellt seinem dramatischen Gedicht ein Motto voran, welches die Anwesenheit der Götter auf dem Theater verheißt. Die Aufforderung, einzutreten, ist werbend und offen gemeint: Jeder, der möchte, kann der Einladung folgen, die sich im Schauspiel eröffnenden Wahrheiten nachzuvollziehen. Diese können einen religiösen, für das Menschsein zentralen Charakter haben – ein hoher Anspruch, den Lessing damit an sein Theaterstück stellt. Der ausgewählte Spruch hat somit auch einen theologiekritischen Akzent. Um dem Göttlichen nahe zu kommen, braucht es weder Bibel noch Kirche – es ist auch im Profanen, im Alltäglichen und vor allem aber auch im Schauspiel des Dichters anwesend.

Gattung und Versmaß des „dramatischen Gedichts"

Lessing nennt sein Werk „Ein dramatisches Gedicht" und zeigt damit an, dass es ein Schauspiel in gebundener Sprache ist. Damit siedelt er es zwischen den großen Gattungen Lyrik und Dramatik an. „Nathan der Weise" ist im sogenannten Blankvers geschrieben, einem fünfhebigen jambischen und ungereimten Versmaß, das stark an die natürliche Sprache angelehnt ist, wodurch die Dialoge wirklichkeitsnah und lebendig wirken. Mit der Gattungsbezeichnung zeigt Lessing überdies an, dass sich sein Werk nicht eindeutig als Komödie oder Tragödie klassifizieren lässt und dass es nicht zwingend für eine Aufführung bestimmt ist: Aufgrund seiner Brisanz bezweifelte er, dass es gespielt werden würde und hoffte stattdessen auf eine große Leserschaft.

Klassischer Aufbau

Das Drama beinhaltet fünf Aufzüge und entspricht einem klassischen Aufbau. Der dritte Aufzug ist somit Mitte und

Höhepunkt der Handlung. Im Zentrum dieses Aktes wiederum steht die Ringparabel, deren Stellung bereits auf ihre Bedeutsamkeit für das Gesamtverständnis des Stücks verweist. Lessing bricht jedoch die geforderte Einheit des Ortes auf, indem er die Handlung an vier verschiedenen Schauplätzen ansiedelt. Das Haus des Juden Nathan, das christliche Kloster, der Palast des muslimischen Herrschers Saladin sowie ein Platz unter Palmen sind die Handlungsorte, die damit zugleich jeweils auf eine der drei abrahamischen Weltreligionen – Judentum, Christentum und Islam – verweisen. In den fünf Aufzügen sind zumeist mehrere Szenengruppen, in denen ein wichtiges Thema oder Motiv des Dramas thematisch entfaltet wird, jeweils einem dieser Schauplätze zugeordnet.

Zentrale Stellung der Ringparabel

Verschiedene Schauplätze der Handlung

„Nathan der Weise" ist rückblickend auch als Erziehungsdrama bezeichnet worden, weil im Stück das optimistische aufklärerische Menschenbild von der Erziehbarkeit des Menschen zum Guten zum Ausdruck kommt. Schon im Aufbau wird dies insofern deutlich, als es drei große Erziehungsgespräche gibt, die den Handlungsverlauf entscheidend prägen (Nathan – Recha in I, 2; Nathan – Tempelherr in II, 5 und Nathan – Saladin in III, 7).

Drei große Erziehungsgespräche

Der erste Aufzug – Exposition (Einführung in Nathans Lebenswelt)

I, 1–4: In Nathans Haus – Vorstellung der Hauptfigur Nathan und seiner Lebensumstände, Geheimnis um Rechas Herkunft und ihre Erziehung zum vernunftgemäßen Glauben

I, 1: Der jüdische Kaufmann Nathan kehrt von einer Geschäftsreise zurück nach Jerusalem. Dort lebt er mit seiner Tochter Recha und deren christlichen Gesellschafterin Daja zusammen, welche ihn bei seiner Ankunft ungewöhnlich

Die Ausgangssituation: Rückkehr Nathans nach Jerusalem

aufgeregt empfängt. Die Hauptfigur Nathan wird sogleich als ein viel beschäftigter Kaufmann vorgestellt, der sowohl beruflich wie privat eine hohe Verantwortung trägt.

Nathans Gleichgültigkeit gegenüber materiellen Werten

Obgleich er von Daja erfährt, dass sein Haus während seiner Abwesenheit gebrannt hat, reagiert er zunächst gelassen und beinahe tadelnd auf Dajas sensationslüsterne Andeutungen der Beinahe-Katastrophe mit dem Vorschlag, im Fall des Verlusts seines Hauses „ein neues […] und ein bequemeres" (V. 17f.) bauen zu lassen. Trotz seines Reichtums und seiner kaufmännischen Tätigkeit sind Nathan materielle Werte unwichtig, da er um ihre Ersetzbarkeit weiß.

Nathans Entsetzen und seine Sorge um Recha

Als Daja ihm jedoch davon berichtet, dass seine Tochter Recha bei dem Unglück beinahe mit verbrannt wäre, fällt alle Souveränität von ihm ab. Seine Verunsicherung zeigt sich besonders deutlich durch einen signifikanten Wechsel seiner Sprache. Waren seine Worte zuvor wohlbedacht, so gerät er nun ins Stammeln. Der Wechsel von Fragen, Ausrufen und Satzfetzen offenbart seine Nervosität. Er kann zunächst gar nicht glauben, dass Recha gerettet wurde und noch lebt. In seiner Rolle als Vater ist Nathan sehr verletzbar, sodass ihn schon der Gedanke an einen Verlust seines Kindes zutiefst verunsichert.

Das Geheimnis um Rechas Herkunft und das ambivalente Verhältnis zwischen Nathan und Daja

Nachdem klar ist, dass Recha in Sicherheit ist, stellt Daja infrage, dass Nathan sie rechtmäßig als sein „Eigentum" (V. 35) bezeichnen darf. Ein noch ungeklärtes Geheimnis um Rechas wahre Herkunft scheint sie in einen Gewissenskonflikt zu versetzen. Nathan möchte gern davon ablenken, indem er Daja Geschenke aus Babylon mitbringt und sie damit zum Schweigen überredet. Das Verhältnis zwischen der Christin Daja und dem Juden Nathan erweist sich hier bereits als gespannt. Obgleich er ihr seine Tochter zur Erziehung anvertraut, weiß er doch um ihre insgeheim judenfeindlichen Vorbehalte – er sei, so hält er es ihr vor, in ihren Augen eben „nur ein Jude" (V. 57). Daja nimmt ihrerseits seine Geschenke als eine Art Bestechungsversuch an, kann sich jedoch nicht von ihrem negativen Werturteil, dass in seinem Haus etwas „Sträfliches vor Gott" (V. 59) geschieht, lösen.

Gemeinsam ist beiden ihre Sorge um Recha, die ihren Vater bereits sehnlich erwartet. Daja schildert Rechas Gemütszustand nach dem Unglück als besorgniserregend. So male das „Feuer ihre Fantasie" (V. 66), weswegen sie von ihrem Retter glaube, er sei ein Engel und kein Mensch. Seit dem Feuer denkt sie neben ihrem Vater auch immer wieder an den Tempelherrn, der sie vor dem Tod bewahrt hat.

Rechas Engelsglaube und ihre Schwärmerei für den Tempelherrn

Voller Ungeduld fragt Nathan nach dem geheimnisvollen Retter, der sich seither jedoch dem Wunsch nach Danksagung und näherem Kontakt auffällig schroff und abweisend entzieht. Über den jungen Tempelherrn hat Daja einige Details in Erfahrung bringen können: So sei er von dem muslimischen Herrscher Jerusalems, Saladin, erst kürzlich begnadigt worden und halte sich vermehrt im Freien „unter Palmen" in der Nähe vom Grab „des Auferstandnen" (V. 110f.) auf. Dies ist ein Hinweis auf seine Ungebundenheit an bestimmte religiös oder institutionell festgelegte Orte wie z. B. den Palast, das Kloster oder Nathans Haus. Mit Spott und Hohn habe er auf das wiederholte Erscheinen Dajas reagiert und sei nun auch nicht mehr an dem gewohnten Ort auffindbar, sodass sie Nathans Wunsch, ihm zu danken und ihn mit seinem ganzen Reichtum zu belohnen, nicht nachkommen konnte.

Die abweisende Haltung des Tempelherrn

Nathan reagiert auf Dajas Bericht mit großer Einfühlsamkeit gegenüber seiner Tochter, indem er sich fragt, was die offensichtliche Kaltherzigkeit des Tempelherrn „auf einen Geist wie Rechas wohl/Für Eindruck machen muss" (V. 128f.). Ohne mit ihr gesprochen zu haben, schätzt er richtig ein, dass die offenbar judenfeindlich motivierte abweisende Haltung des Tempelherrn ihre psychische Verfassung ins Wanken bringen und sie in einen bedenklichen schwärmerischen Zustand versetzen könnte. Dajas Auffas-

Nathans Erziehungskonzept: der Mensch im Mittelpunkt

sung, man möge Recha ihren Engelsglauben und den „süßen Wahn" (V. 153) von der Vereinigung und Versöhnung zwischen „Jud' und Christ und Muselmann" (V. 152) lassen, widerspricht Nathan. Auch wenn ihm die Vorstellung von der Versöhnung zwischen den drei Religionen ebenfalls verheißungsvoll erscheint, möchte er Recha von ihrem Engelsglauben heilen, damit statt der Schwärmerei eine noch „süßer[e] Wahrheit" (V. 162) – der Mensch – zum Vorschein kommen kann.

Jerusalem – Stadt der Weltreligionen

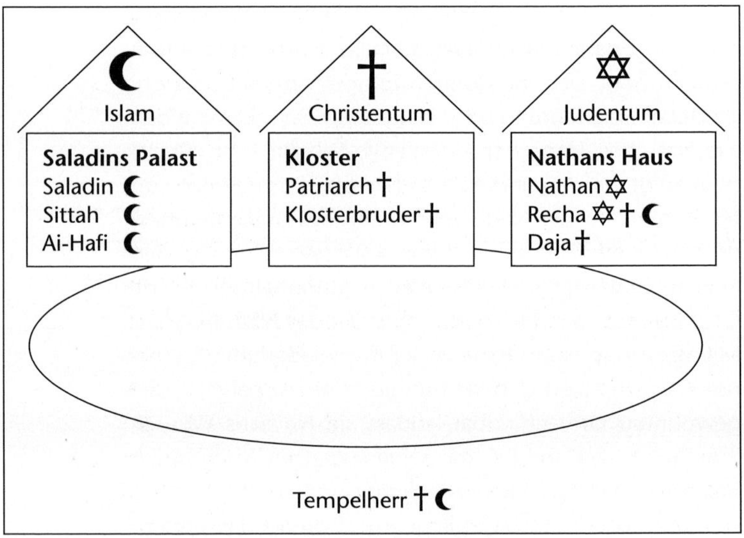

Die Wahl der Schauplätze symbolisiert das Zusammentreffen von Vertretern aller drei abrahamischen Weltreligionen. Die doppelte oder gar dreifache Religionszugehörigkeit einiger Figuren wird erst am Ende aufgelöst und zeigt die Überwindung von Religionsgrenzen und den Sieg der Humanität.

I, 2: Recha stürmt ungeduldig ihrem Vater entgegen und schildert ihm erregt ihre Errettung. Durch die dreimalige Wiederholung des Wortes „verbrennen" rückt ein zentrales

Leitmotiv des Dramas in den Fokus des Lesers. Als Symbol für vergangenes Leid taucht es nochmals bei dem Rückblick auf die Ermordung von Nathans Familie auf (vgl. IV, 7) und verweist zugleich in Form der Drohung des Patriarchen („der Jude wird verbrannt", V. 2546) auf mögliche zukünftige Gewalttaten. Unheilverheißend deutet es somit an, wie hinter einem scheinbar friedlichen Geschehen zu jeder Zeit drohende Gefahren verborgen sind.

Das „Verbrennen" als Leitmotiv – Symbol für das mögliche Scheitern aller Friedenshoffnungen

Dass sie errettet wurde, glaubt Recha ihrem persönlichen Engel zu verdanken. Nathan erklärt sich die „weißen Fittiche" (V. 191), die sie gesehen zu haben glaubt, sogleich mit dem wehenden Umhang des Tempelherrn. Er versucht, Recha von der Subjektivität ihrer Sichtweise zu überzeugen. Er wünscht sich, sie sehe ein, dass es sich um einen Menschen handele.

Rechas Gottesbild und ihr naives Wunderverständnis

Im weiteren Verlauf des Gesprächs werden unterschiedliche weltanschauliche und insbesondere theologische Auffassungen von Recha, Daja und Nathan deutlich. Recha vertritt zunächst ein naives Wunderverständnis: Die Wirkmächtigkeit Gottes zeige sich darin, dass er zu ihrer Rettung einen Engel schicke und ihr dadurch seine Liebe beweise. Nathan kritisiert diese Sichtweise, weil er darin Gefahren erkennt. So argwöhnt er, dass Recha nur „das Ungewöhnlichste,/Das Neueste" (V. 223f.) als ein Wunder anerkennen würde und daneben die echten Wunder, welche sich im Alltag der Menschen vollziehen, nicht einmal als solche bemerken würde. Gerade die Tatsache, dass ein christlicher Tempelherr ein jüdisches Mädchen aus den Flammen gerettet habe, sei tatsächlich ein Wunder. Ebenso sei die unerklärliche Milde des Sultans dem gegnerischen Tempelherrn gegenüber ein großes Wunder.

Als Daja sich einschaltet und Rechas Sichtweise mit dem Argument unterstützt, dass der Glaube an einen Engel niemandem schade, sondern eine größere Nähe zu Gott bewirke, wird Nathans Ton merklich schärfer. Er wirft ihr vor, sie denke und handele aus Stolz. So stecke hinter der unsinnigen Annahme, ein Engel Gottes habe die Rettung bewirkt, der Versuch, sich selbst aufzu-

Nathan unterweist Recha – Das erste Erziehungsgespräch (Salzburger Festspiele)

Der Kontrast zwischen unterschiedlichen Welt- und Gottesbildern

werten. Zudem schade der Glaube an das Vorhandensein wundersamer Mächte wie Engeln ganz konkret den Menschen im eigenen Umfeld: Statt sich diesen gegenüber nach dem Gebot der Nächstenliebe tatkräftig, hilfsbereit und dankbar zu erweisen, würden nichtexistente übernatürliche Wesen angebetet. Damit verweist Nathan auf die Auswirkungen zweier verschiedener Vorstellungen von Religion. Einen naiven, magischen Gottesglauben lehnt er mit dem Verweis auf dessen Asozialität und Wirkungslosigkeit ab.

Die erzieherische Gesprächstechnik Nathans

Das erzieherische Geschick Nathans zeigt sich vor allem in seiner Gesprächstechnik. So bleibt er bei seiner bloßen Kritik nicht einfach stehen, sondern veranschaulicht seine Position dadurch, dass er sie am Beispiel des Tempelherrn konkretisiert. Zunächst stellt er bohrende Fragen an Daja und prüft, wie engagiert sie die Suche nach dem Tempelherrn vorangetrieben hat. Sodann entwickelt er die Hypothese, dass der Tempelherr schwer erkrankt sein könne und deshalb nicht aufzufinden sei. Schlimmstenfalls führe dann der falsche Glaube, er sei ein Engel und kein Mensch, dazu, die Suche – und damit die Chance auf konkrete, zwischenmenschliche Hilfe – aufzugeben und ihn seinem

Schicksal zu überlassen. Die entsetzten Ausrufe Rechas, die sie zwischendurch immer wieder hören lässt, lassen bereits den Erfolg von Nathans Erziehungsmethode erkennen. Sie lässt sich auf seinen Gedankengang ein und vollzieht ihn gedanklich und emotional nach. Seiner Tochter setzt er keine fertige Lösung vor, sondern lässt sie langsam einen Erkenntnisprozess durchleben. Trotz wiederholter Interventionsversuche vonseiten Dajas erlöst er sie von dem Gedanken an eine mögliche Krankheit des Tempelherrn erst, nachdem er sicher sein kann, dass die „Arznei" (V. 355) seiner Argumentation ihre Wirksamkeit entfaltet hat. Durch seine analytische Vernunft erweist er sich hiermit als Gegner bornierter und dogmatisch verengter Religiosität. Zusammenfassend äußert er das Ergebnis seiner Überlegungen: „[A]ndächtig schwärmen" (V. 360) ist um so vieles leichter als „Gut handeln" (V. 361) und muss zugunsten einer praxisorientierten Ethik überwunden werden.

Rechas Einsicht und Dajas Verschlossenheit

Recha versteht. Gern nimmt sie Nathans Weisung ohne jeden Groll an und fragt wie zum Zeichen ihrer neuen Sichtweise auf den Tempelherrn ängstlich nach, ob nicht auch eine Reise der Grund für die Abwesenheit sein könne. Daja hingegen begreift den Grund für Nathans strenges Insistieren nicht: Ihrer Meinung nach handelt es sich nur um „Subtilitäten"[1] (V. 226). Mit ihren abwehrenden Einwürfen während des gesamten Gesprächs zeigt sie sich unempfänglich für eine andere Sichtweise und verpasst daher die Chance, etwas dazuzulernen.

Ungewöhnlicher Auftritt des Derwischs Al-Hafi

I, 3: Ein Freund Nathans, der Derwisch[2] Al-Hafi, kommt in ungewöhnlich prunkvoller Kleidung, die nicht so recht zu seiner Verpflichtung zur Armut passen will, zu Besuch. Es

[1] Subtilität: Spitzfindigkeit

[2] Derwisch: muslimischer Bettelmönch

stellt sich heraus, dass er seit Kurzem Schatzmeister des Sultans geworden ist. Sogleich spricht ihn Nathan auf diese Veränderung an und äußert sein Erstaunen. Mit seinem Ausspruch „Kein Mensch muss müssen" (V. 386) offenbart er einen wichtigen Punkt seines Menschenbildes – die Freiheit zur autonomen Entscheidung darüber, wie man leben möchte. Al-Hafi jedoch betont, aus einer inneren Verpflichtung heraus gehandelt zu haben: Er sei um etwas gebeten worden, was er für gut erachtet habe, und so müsse er es tun. Ohne Genaueres erfahren zu haben, erkennt Nathan in ihm seine ursprüngliche Aufrichtigkeit und vergewissert sich ihrer Freundschaft. Der kurze Moment der Entfremdung zwischen beiden ist überwunden.

Nathans zugewandte, freundschaftliche Gesprächspraxis

Wiederum zeigt sich hier Nathans Anliegen, dem Dialogpartner stets auf Augenhöhe zu begegnen und ihn unabhängig von der gesellschaftlichen Rolle oder der Religionszugehörigkeit – Al-Hafi ist Muslim – als „Mensch" (V. 389) zu sehen. Die neuen Insignien gesellschaftlicher Anerkennung und Macht betrachtet er lediglich als reine Äußerlichkeit, als „Kleid" (V. 395), über das er hinwegsehen könne, solange Al-Hafi im Herzen ein Derwisch geblieben sei.

Im Gespräch bewahrheitet sich, dass sich der Bettelmönch selbst treu geblieben ist. Mit seiner neuen Rolle als Schatzmeister des Sultans Saladin scheint er zu hadern, obgleich er dadurch von einem Bettler zu einem „Kerl im Staat" (V. 392) geworden ist. Sehr offen und selbstkritisch berichtet er Nathan, wie es zu dieser Amtsübernahme kam. Da Sultan Saladin unzufrieden mit der Hartherzigkeit und dem Geiz seines früheren Schatzmeisters gegenüber den hilfsbedürftigen Bettlern gewesen sei, habe er ihm geschmeichelt und ihn so in diesen Posten gelockt: Als Bettelmönch könne er besser mit den Bettlern umgehen, deren Armut Saladin ein Dorn im Auge ist.

Al-Hafis Rollenkonflikt

Schnell jedoch muss Al-Hafi lernen, dass das Ansinnen des Sultans, „[e]in Menschenfreund an Einzeln" (V. 483) durch großzügige Gaben sein zu wollen, eine Kehrseite hat: Der Sultan verfügt nicht über ausreichend Geld für solche Menschenfreundlichkeit. An der Spitze der weltlichen und politischen Macht kann er nicht versuchen, aus religiöser Überzeugung „des Höchsten Milde" (V. 484) nachzuahmen, ohne die Mittel dafür auf anderer Menschen Kosten einzuholen. Damit kennzeichnet er den Sultan als eine widersprüchliche Person, die sich in dem Dilemma befindet, am einzelnen Menschen gut handeln zu wollen, gleichzeitig aber auch als weltlicher Herrscher für den eigenen Machterhalt menschenverachtende Grausamkeit gegenüber fremden Völkerschaften – „die Menschen drücken,/Ausmergeln, plündern, martern, würgen" (V. 481 f.) – in Kauf nehmen zu müssen. Al-Hafi nennt dieses Verhalten mehrfach „Geckerei" (z. B. V. 480) und bezieht sich ironisch-selbstkritisch mit ein, da er trotz allem noch etwas Gutes an Saladin finden kann.

Sultan Saladins innere Widersprüchlichkeit

Die Bitte Al-Hafis um Geld für Saladin weist Nathan diplomatisch und klug ab: Als Freund stünden ihm seine Kassen offen, in seiner Rolle als Schatzmeister jedoch will er seiner Bitte nicht entsprechen, auch wenn er durch die zu erwartenden Zinsen seinen eigenen Reichtum mehren könnte. Der Derwisch spürt, dass er sich vor Nathan nicht verstellen kann und äußert seinen geheimen Wunsch, sich von der belastenden Einbindung in das weltliche und politische Gefüge wieder zu lösen. Seiner Natur entspreche es vielmehr, sich „am Ganges" (V. 450) einer parsischen[1] Glaubensgemeinschaft anzuschließen und sich damit ganz einem weltabgewandten und kontemplativen Leben zu widmen. Obwohl er als Kaufmann und Erzieher einer Tochter eine völlig andere, weltzugewandte Lebenshaltung ver-

Nathans Unterscheidung zwischen dem Menschen Al-Hafi und seiner Rolle

[1] Parsen (persisch *Pars* „Perser"): eine ethnisch streng abgeschlossene, aus Persien stammende Gemeinschaft, die der Lehre des Zoroastrismus angehört, eine zwischen 1800 v. Chr. und 600 v. Chr. existente monotheistische Religion, die auf den Stifter Zarathustra zurückgeht.

tritt, unterstützt Nathan seinen Freund in dessen Absicht und verabschiedet Al-Hafi mit der paradox erscheinenden Einsicht: „Grad unter Menschen möchtest du ein Mensch/ Zu sein verlernen" (V. 499f.).

Weltabkehr als Lösung des Rollenkonflikts

Obwohl Nathan seine Bitte um Geld abgelehnt hat, verlässt Al-Hafi Nathan, ohne verärgert zu sein. Im Gegenteil scheint er fast froh zu sein, dass Nathan ihn durchschaut und versteht. Das ehrliche Gespräch mit dem Freund ist für ihn Anstoß, den eigenen Rollenkonflikt zu benennen und hierfür eine Lösung voranzutreiben.

Rechas Sehnsucht nach dem Tempelherrn ...

I,4: Daja begrüßt den heimkehrenden Nathan aufgeregt, um ihm zu berichten, dass sie den Tempelherrn erneut gesichtet habe. Sie fordert ihn auf, ihm sogleich nachzueilen und damit seiner Tochter einen Gefallen zu tun. Nathan reagiert zunächst ablehnend und schickt stattdessen Daja erneut los, um ihn in sein Haus einzuladen. Dass dieser die Einladung bislang nicht wahrgenommen hat, führt er auf dessen Schüchternheit und Anstandsgefühle zurück.

... und dessen religiös motivierte Intoleranz

Daja jedoch weist auf die intolerante Haltung des Tempelherrn hin, welcher aus Prinzip „zu keinem Juden" (V. 528) kommt. Nathan lenkt ein und fordert sie auf, ihn aufzuhalten, um doch selbst mit ihm reden zu können.

I, 5–6: Ein Platz unter Palmen – Vorstellung des Tempelherrn als komplexe und ambivalente Figur

Innere Abscheu des Klosterbruders gegenüber dem Patriarchen

I, 5: Der Tempelherr wird von einem Klosterbruder im Auftrag des christlichen Patriarchen angesprochen. Ohne Umschweife erklärt der Klosterbruder, er solle ihm auf den Zahn fühlen. Auf die verblüffte Reaktion des Tempelherrn erklärt der Klosterbruder seine Verpflichtung zu unbedingtem Gehorsam und deutet damit seinen eigentlichen Unwillen gegen seinen Auftrag an. Obwohl institutionell gebunden, zeigt er sich damit im Geiste frei. Auch im weiteren Gesprächsverlauf distanziert er sich entschieden von dem, was er im Auftrag des Patriarchen zu sagen hat, indem er ständig die Floskel „sagt der Patriarch" (V. 612, V. 614f., V. 617ff.) wiederholt.

Die Geschichte des Tempelherrn und seine derzeitige Unzufriedenheit

Auf die Frage nach seiner Person antwortet der Tempelherr zunächst mit biografischen Details: Er ist bei einem Überraschungsangriff, mit dem sein Orden den Waffenstillstand zwischen Christen und Muslimen gebrochen hat, bei Tebnin gefangen genommen worden. Dort haben die Christen versucht, die Herrschaft über die Stadt zu erringen, und sind von den Muslimen überwältigt worden. Saladin hat ihn – anders als seine Mitstreiter – überraschend begnadigt, nachdem er ihn genauer betrachtet und etwas in seinem Aussehen ihn zu Tränen gerührt hat. Später wird deutlich, dass Saladin im Tempelherrn Züge seines verschollenen Bruders Assad entdeckt hat. Dieser hat eine Christin aus dem Geschlecht der Stauffen geheiratet, mit dem christlichen Glauben auch seinen Namen verändert und zwei Kinder gezeugt. Erst am Ende des Dramas erweist sich Saladins Intuition als richtig, dass der Tempelherr sein Neffe und Teil seiner Familie ist.

Auf den schmeichelnden Kommentar des Patriarchen aus dem Munde des Klosterbruders, Gott habe ihn scheinbar zu „großen Dingen" (V. 592) ausersehen, reagiert er sarkastisch und zeigt sich unzufrieden mit seiner derzeitigen Lage. Er könne sein eigentliches Geschäft, „mit dem Schwerte dreinzuschlagen" (V. 657), nicht ausführen. Zudem offenbart er seine antijüdischen Vorurteile, indem er sagt, es sei nur ein „Judenmädchen" (V. 594) gewesen, welches er gerettet habe.

Versuch des Patriarchen, den kriegerischen Konflikt zu schüren und den Tempelherrn zum Mord anzustiften, …

Der Klosterbruder eröffnet ihm sodann das Anliegen des Patriarchen. Dieser will den Tempelherrn als Spion missbrauchen, damit er den Willen Saladins zum erneuten Waffenstillstand mit König Phillipp II. vereiteln, die Festungen Jerusalems auskundschaften und dabei Saladin gefangen nehmen oder – besser noch – ermorden kann. Der Patriarch sieht die moralische Verpflichtung des Tempelherrn gegenüber dem Sultan, der ihm das Leben geschenkt hat, nicht ein. Er vertritt die inhumane Meinung, ein Christ müsse sich einem Muslim gegenüber weder freundschaftlich noch dankbar verhalten und sich in erster Linie den Interessen der Kirche verpflichtet fühlen. Die Argumentationsstrategie, mit welcher er sich den Tempelherrn dienstbar machen will, wird jedoch durch den Klosterbruder mit wiederholten Distanzierungen und der unverhohlenen Kritik an den rein machtpolitischen und weltlichen Interessen des Patriarchen (vgl. V. 636) subversiv entlarvt und dadurch unwirksam gemacht.

... und dessen Ablehnung aus moralischen Gründen

Der Tempelherr weist das Ansinnen entschieden und entrüstet ab. Mit diesem „Bubenstück" (V. 684) würde er andernfalls Verrat an Saladin üben, dem er sich durch die Begnadigung verpflichtet fühle. Erstmals wird damit hinter der kühlen Fassade des Tempelherrn seine moralische Gesinnung deutlich. Dass er seine äußerliche Ähnlichkeit mit dem Bruder Saladins als Zeichen der Natur und damit als Gottes Werk deutet und sich darum innerlich stärker an den muslimischen als an den christlichen Herrscher gebunden fühlt, zeigt, dass er sich stärker auf sein Gefühl als auf machtpolitisches Kalkül verlässt.

Das unverhohlene Vergnügen, mit welchem der Klosterbruder den verärgerten Tempelherrn verlässt, macht noch einmal dessen wahre Meinung deutlich und entspricht zudem dem Empfinden des Lesers.

Dajas erfolgloses Werben um einen Besuch des Tempelherrn bei Nathan

I, 6: Daja versucht im Auftrag Nathans erneut, den Tempelherrn auf einen Besuch in dessen Haus einzuladen. Dieser reagiert – noch immer unter dem Eindruck des Vorhergegangenen – polemisch mit einem frauenverachtenden Sprichwort. Weder Dajas Lob der Güte, der Weisheit und des Reichtums ihres Herrn noch ihre Anspielungen auf ihre eigene Identität als Christin können ihn überzeugen. Zu sehr, so scheint es, hat sie ihn bereits im Vorfeld mit ihrer persönlichen Geschichte als Witwe eines Kreuzfahrers sowie ihrer Tendenz zur Selbstdarstellung und -überschätzung strapaziert.

Um sie loszuwerden, zieht der Tempelherr alle Register und stellt sogar seine eigene gute Tat radikal infrage. Er habe sich bei der Rettung Rechas nichts gedacht und zudem sei des „Mädchens Bild/[...] längst aus [s]einer Seele" (V. 778 f.) verschwunden. Während er seine Judenfeindlichkeit – „Jud' ist Jude" (V. 777) – offen zugibt und sich selbst als plump charakterisiert, leugnet er seine moralisch guten Züge. Warum er unter Einsatz seines eigenen Lebens in das brennende Haus eingedrungen sei, sei ihm nun selbst ein Rätsel. Durch die Widersprüchlichkeit zwischen seinem Reden und Handeln begegnet der Tempelherr dem Leser als eine zutiefst ambivalente Figur. Auf der einen Seite verstrickt in unbedachte Vorurteile gegenüber Andersgläubigen, beweist er auf der anderen Seite in seinem spontanen Agieren seine Fähigkeit zur Humanität jenseits der Religionsgrenzen. Gereizt verlässt Daja den Tempelherrn und schleudert ihm eine Beleidigung hinterher.

Die schroffe Polemik des Tempelherrn als Abwehrstrategie ...

... und sein ambivalenter Charakter

Die dramatische Funktion des ersten Aufzugs

Der erste Aufzug stellt die Exposition des Dramas dar. Der Leser wird in die Zeit und den Ort des Geschehens eingeführt und lernt die meisten Personen direkt oder indirekt kennen. Die Wahl des Schauplatzes Jerusalem zur Zeit der Kreuzzüge sowie die Aufstellung der agierenden Personen als Vertreter aller drei abrahamischen Weltreligionen bergen ein hohes Konfliktpotenzial. Es stellt sich die Frage, wie Juden, Christen und Muslime in einer solchen Zeit miteinander umgehen. Viele Dinge wie etwa das Geheimnis um Rechas Herkunft, die Ursache der Begnadigung des Tempelherrn und die Rolle Nathans bleiben offen und lassen den Leser auf den Fortgang der Handlung gespannt sein.

Der zweite Aufzug – Steigerung (Die Welt Saladins; Der Tempelherr)

II, 1–3: Im Palast des Sultans – Geldsorgen, Pläneschmieden und Streit um die Vision vom dauerhaften Frieden mit den Christen

Saladins Großzügigkeit auch beim Schachspiel gegen die Schwester …

II, 1: Saladin und seine Schwester Sittah spielen im Palast Schach. Während ihres Gesprächs wird abermals der großzügige Umgang des Sultans mit Geld deutlich: Er zahlt ihr den vorher vereinbarten Satz korrekt aus, wenn sie gewinnt, und schenkt ihr im gegenteiligen Fall als Trost den doppelten Preis. Die Partie verläuft schlecht für den Sultan, was er auf Sittahs Geschicklichkeit zurückführt. Das Schachspiel als Spiel der Herrscher und Fürsten verweist symbolisch auf den Umgang der Geschwister mit Geld und Macht. Sittahs souveräner Umgang mit den Kniffen des Spiels deutet somit bereits ihren kühlen, klugen Sinn für macht- und finanzpolitische Winkelzüge an.

… und seine politischen und persönlichen Visionen

Für Saladins offensichtliche Unkonzentriertheit sind auch die Gedanken an die derzeitige politische Situation verantwortlich. So bekennt er, dass er den Waffenstillstand mit Richard Löwenherz gern verlängert und den Frieden durch eine geschickte Heiratspolitik gesichert hätte: Durch eine Doppelhochzeit Sittahs mit dem Bruder Richards und seines Bruders Melek mit Richards Schwester hätte er gern beide Häuser verwandtschaftlich aneinandergebunden. Für ihn spielen bei diesen Absichten nicht nur politische Erwägungen, sondern auch idealistische Vorstellungen eine Rolle, wenn er sich fasziniert ausmalt, welche „Menschen" (V. 865) durch diese Verbindungen hätten entstehen können.

Sittahs Kritik am Christentum

Im Gegensatz hierzu beurteilt Sittah die Situation weit nüchterner und spottet liebevoll „des schönen Traums" (V. 866) ihres überschwänglichen Bruders. Dass dieser nicht erfüllbar sei, lastet sie vor allem den Christen an, welchen ihr Christentum wichtiger sei als ihre Menschlichkeit. Deren Überheblichkeit zeige sich an ihrer Forderung, eine Konversion[1] der beiden muslimischen Ehepartner Sittah und Melek zum christlichen Glauben als eine Voraussetzung für eine Heirat zu verlangen. Damit, so wirft sie ihnen vor, entfernten sich die Christen weit von der Menschlichkeit und der Tugend Jesu sowie dem Schöpfungsauftrag Gottes, der „Mann und Männin" (V. 886) mit der Fähigkeit zur Liebe ausgestattet habe und nicht nach der Religionszugehörigkeit frage.

Sittahs Kritik am Christentum zeigt aus islamischer Perspektive auf, was einer Versöhnung beider Religionen im Wege steht. Das Trennende besteht einerseits in der Deutung Jesu, der für sie ein „guter Mensch" (V. 873) ist, aber keinen Anteil am Göttlichen habe. Noch schwerwiegender ist jedoch der christlich behauptete Zusammenhang zwischen der menschlichen (Erb-)Sünde, der Gnade Jesu Christi und der Erlösung des Menschen durch seinen Kreuzestod. Hierin liege die Ursache für das überhebliche Selbstverständnis der Christen und ihren Exklusivanspruch auf das Heil und die Wahrheit.

Saladins Abneigung gegen die Tempelherren und seine Geldsorgen

Saladin schränkt Sittahs generelle Kritik an den Christen ein und zürnt allein den Tempelherren: Sie gäben Akka[2] nicht als Brautschatz frei und wollten zudem Jerusalem uneingeschränkt zurückerobern. Angesichts dieser kompromisslosen Haltung des christlichen Ordens könne er seine Friedenspläne nicht verwirklichen. Eine weitere Sorge vertraut er seiner Schwester an: Ihrer beider Vater, welcher im Libanon verweilt und den größten Teil der Staatskasse verwaltet, habe drückenden Geldmangel beklagt.

---

[1] Konversion: Übernahme von neuen, anderen Glaubensgrundsätzen, religiösen Traditionen und Bräuchen bzw. der Kultur

[2] Akka oder Akkon: im Altertum auch Ptolemais genannt, eine alte Stadt in Galiläa im Nordbezirk Israels

II, 2: Der Schatzmeister Al-Hafi kommt in der falschen Annahme in den Palast, dass Gelder aus Ägypten eingetroffen seien. Trotz der leeren Kassen bittet Saladin darum, seine Schwester auszuzahlen. Al-Hafi bemerkt mit einem Blick auf das Schachbrett sogleich, dass das Spiel für Saladin noch nicht verloren ist, was diesen jedoch nicht weiter interessiert. Erst als sein Schatzmeister verschiedene Andeutungen über Sittahs Klugheit und Güte macht, die ihr sichtlich unangenehm sind, wird er neugierig. Obwohl sie sich entschieden wehrt, enttarnt Al-Hafi Saladin gegenüber entschlossen ihre „Mummerei" (V. 953), die darin bestehe, dass sie ihrem Bruder heimlich aus privater Kasse Geld überlassen und so „den ganzen Hof/Erhalten" (V. 983f.) habe. Al-Hafi befürchtet nämlich, ihre Güte werde sie – wie Saladin – in den finanziellen Ruin treiben.

Al-Hafis Geständnis über Sittahs heimliche Geldgeschenke an Saladin

Saladin reagiert erfreut. Auch er brauche nicht mehr als „Ein Kleid, Ein Schwert, Ein Pferd – und Einen Gott" (V. 990). Lessing arbeitet hier einen historischen Ausspruch Saladins ein, welcher die persönliche Bescheidenheit betont und das klare Bekenntnis zum Monotheismus[1] enthält. Aus Sorge um seinen Vater überlegt Saladin weiter, wie an Geld zu kommen sei. Sittah bringt Nathan, dessen Namen Al-Hafi offensichtlich bereits zuvor häufig lobend im Palast erwähnt hat, als möglichen Geldgeber ins Spiel.

Der reiche Kaufmann Nathan als möglicher Geldgeber des Sultans

Da er nicht zugeben will, seinen Freund bereits um Geld gebeten zu haben, versucht Al-Hafi abzulenken und spielt den Überraschten. Von den Geschwistern in die Enge gedrängt, lässt er sich zwar auf ein Gespräch über Nathan und dessen Toleranz und Milde gegenüber Bedürftigen jeder Religion ein, will jedoch vermeiden, dass er vom Sultan bedrängt wird. Er argumentiert damit, dass Nathan aus

[1] Monotheismus: Glaube an den einen, allumfassenden Gott und die Lehre davon

Prinzip niemandem Geld leihe, um selbst immer etwas zu geben zu haben, und behauptet außerdem, einen persönlichen Konflikt mit ihm zu haben. Bevor es zu weiteren Diskussionen kommt, verlässt er schließlich hastig den Palast.

II, 3: Sittah bemerkt sofort, dass Al-Hafi in erster Linie deshalb so schnell verschwindet, um ihr zu entgehen. Offensichtlich weiß er um ihren Scharfsinn und ihr kühles machtpolitisches Kalkül. Im Gegensatz zu ihrem Bruder scheint sie gut über mögliche Kreditgeber wie Nathan unterrichtet zu sein. So hat sie verschiedene Erzählungen über den sagenhaften Reichtum des Juden gehört. Von Al-Hafi selbst weiß sie zudem von Nathans außergewöhnlichem Geschick als Händler und seinen inneren Qualitäten wie Vorurteilslosigkeit und Offenheit. Warum er allerdings zuvor eher kühl von seinem Freund gesprochen hat, kann sie sich nur durch dessen Zugehörigkeit zum Judentum erklären. Sie offenbart damit eigene judenfeindliche Vorurteile. Ihre Informationen über Nathan will sie nun gezielt nutzen, um einen „Anschlag" (V. 1144) auf ihn auszuführen und dabei seine „Schwäche" (V. 1141) zu nutzen.

Sittahs Plan, an Nathans Geld zu kommen, …

Sittah erweist sich im gesamten Gesprächsverlauf und insbesondere in der Kommunikation mit ihrem Bruder als eine Frau, die es versteht, auf subtile Weise Macht auszuüben. Wie ein Schatten steht sie hinter ihrem Bruder und beeinflusst ihn in wesentlichen Fragen seiner Amtsführung entscheidend. Dabei gerät sie nicht auf gleiche Weise in ein moralisches Dilemma, weil ihre Denkweise nüchterner und zielgerichteter ist als die Saladins und sie zudem weniger Skrupel plagen, sich einen Menschen dienstbar zu machen.

… und ihre Weise der Machtausübung

II, 4–9: Unter Palmen vor dem Haus Nathans – Beginnende Freundschaft Nathans mit dem aufbrausenden Tempelherrn, Warnung und Abschied Al-Hafis

Nathans erzieherische Qualitäten und sein Einfühlungsvermögen

II, 4: Recha wartet ungeduldig auf Dajas Nachricht über den Verbleib des Tempelherrn. Nathan versucht, sie zu beruhigen, und führt ihre Erregung auf eine geheime Zuneigung zurück, die sie für ihren Retter empfindet und die über den bloßen Wunsch hinausgeht, sich bei ihm zu bedanken. Auf ihr Unverständnis reagiert er mit der Bitte um Offenheit, wenn ihr „Herz vernehmlicher/Sich einst erklärt" (V. 1167f.). Nathan agiert als besorgter und zugleich liebevoller Vater, der verantwortungsbewusst mit der Reifung seiner Tochter umgeht. Er scheint vorauszuahnen, dass die Begegnung mit dem Tempelherrn zu Gefühlsverwirrungen führen könnte, und erleichtert ihr die Annahme möglicher ungewohnter und neuer Emotionen mit dem Hinweis darauf, dass diese „Natur und Unschuld" (V. 1165) und deshalb kein Grund zu Besorgnis seien. Als Daja hinzutritt und die Ankunft des Tempelherrn ankündigt, verstecken sich die beiden Frauen im Innern des Hauses.

Nathans Menschenkenntnis ...

II, 5: In einem Monolog äußert Nathan seine Nervosität vor der Begegnung mit dem Tempelherrn, dessen ambivalenten Charakter er sofort in dem „guten, trotz'gen Blick" (V. 1196) erkennt. Ihn scheint der Widerspruch zwischen der rauen Schale und einem ganz anders gearteten Kern an jemand anderen zu erinnern. Was ihm erst später auffällt, ist die Ähnlichkeit mit seinem Freund Wolf von Filnek, dem leiblichen Vater seiner angenommenen Tochter Recha.

... und die zunächst abweisende, judenfeindliche Haltung des Tempelherrn

Auf die Anrede Nathans reagiert der Tempelherr unwillig und nennt sein Gegenüber unpersönlich „Jude" (V. 1199). Stolz lehnt er jede Dankesbezeugung Nathans ab und relativiert seine eigene gute Tat, indem er behauptet, nur aufgrund der

Maximen seines Ordens so gehandelt zu haben und zudem seines Lebens ohnehin überdrüssig gewesen zu sein. Sein Denken ist noch völlig geprägt von anerzogenen Klischeevorstellungen, die aus seiner Rolle als Tempelritter einerseits und aus gängigen religiösen Vorurteilen andererseits resultieren. Von seiner Entstehungsgeschichte her war der Orden der Tempelritter eine Verbindung der Ideale des adligen Rittertums mit denen der Mönche und war darum auch humanitären Zwecken verpflichtet. Die Verinnerlichung der starren Pflicht- und Gehorsamsethik seines Ordens ist der Grund, warum sich der Tempelherr dem weiteren Dialog und möglichen alternativen Sichtweisen zunächst verweigert.

Nathan und der Tempelherr am Anfang des zweiten großen Erziehungsgesprächs (Volkstheater Rostock)

Der Erfolg von Nathans kluger und einfühlsamer Gesprächsstrategie

Nathan reagiert geduldig auf das Misstrauen, die Vorurteile und die Beleidigungen und ist sogar in der Lage, dieses Verhalten als Fassade zu deuten, hinter der in Wahrheit „bescheidne Größe“ (V. 1222) stecke. Erst auf die nachdrückliche Einladung Nathans, doch ungeachtet seiner Religionszugehörigkeit seinen Reichtum zu nutzen, verlangt der Tempelherr einen neuen Mantel, da seiner bei dem Brand versengt wurde. Die emotionale Reaktion Nathans – er küsst den Brandfleck, rühmt erneut die Rettungstat und weint – rührt den Tempelherrn gegen seinen Willen. Vollends gibt er seinen Widerstand auf und gerät ins Stammeln, als Nathan bescheiden darum bittet, seinem Mädchen doch wenigstens auch einmal den Mantel zu schicken, da es zu einer persönlichen Begegnung wohl nicht kommen werde. Demütig und bescheiden tritt Nathan wie ein Bittsteller vor einem mächtigen Herrn auf und macht sich damit selbst klein. Auf solche Gesten ist der Tempelherr nicht gefasst. Beschämt wechselt er zur persönlichen Anrede und nimmt damit Nathan als Person ernst. Dieser wiederum nimmt ihm jegliches Schuldgefühl, indem er seiner Unhöflichkeit nur gute Motive unterstellt und damit an das verborgene Gute jedes Menschen appelliert.

Der weitere Dialog hat – wie Nathans Gespräch mit Recha in I, 2 – einen pädagogischen Charakter. Während der Tempelherr noch immer sein gutes Handeln und Denken in einen Zusammenhang mit der Zugehörigkeit zu seinem Orden und dessen Regeln bringt, erkennt Nathan darin vielmehr die Prinzipien einer universalen Ethik. Überall gebe es gute Menschen, deren Unterschiedlichkeit – ausgedrückt in biologischer Symbolik von Bäumen und ihren Ästen – wechselseitige Achtung und Toleranz jenseits aller Selbstgerechtigkeit verlange. Aufgebracht argumentiert der Tempelherr, dass sich gerade jetzt in der Zeit der Kreuzzüge das genaue Gegenteil ereigne: Die „fromme Raserei“ (V. 1297) aller Religionen – insbesondere aber des Judentums, wegen des Selbstverständnisses das „auserwählte Volk“ (V. 1290) zu sein – sei schuld an der Verachtung anderer und den daraus resultierenden gewalttätigen Auseinandersetzungen. Nach vorheriger Polemik gegen das Judentum folgt damit ein Versuch, die eigenen Vorurteile argumentativ zu rechtfertigen – ein Beweis für die steigende Dialogbereitschaft des Tempelherrn.

Die Kritik des Tempelherrn am Exklusivanspruch der Religionen auf Wahrheit …

… und die gemeinsame Hoffnung auf religionsübergreifende Humanität

Mit seiner leidenschaftlichen Absage an jede Form von Intoleranz und an den Gedanken der Auserwähltheit trifft er Nathans eigene Auffassung im Kern, der in ihm spontan einen Gleichgesinnten erkennt, „dem es g'nügt ein Mensch/Zu heißen“ (V. 1312f.). Der Tempelherr macht – ein wenig beschämt über seine Vorurteile – Nathan ein Freundschaftsangebot, das durch einen Handschlag besiegelt wird. Die Begegnung endet mit der Perspektive auf eine „heitre Ferne" (V. 1321), in der Nathan eine Annäherung zwischen dem Tempelherrn und Recha zu erwarten scheint.

Der Gesprächsverlauf

Der Tempelherr		**Nathan**
	vor dem Gespräch	
antijüdische Vorurteile, Ablehnung		Glauben an das Gute des Menschen trotz der äußerlich rauen Schale
	Gesprächsverlauf	
Darstellung der Rettung als Pflichtübung, Abweisen der Dankesbezeugungen	→	emotionale Reaktion: Weinen aus Dankbarkeit, küsst den versengten Mantel
Verwirrung, Wechsel von der unpersönlichen („Jude") zur persönlichen Anrede („Nathan")	←	
	→	Festhalten an den guten Eigenschaften des Tempelherrn – Toleranzforderung
Aufbrausen – Versuch, die antijüdische Haltung zu begründen	←	
	→	Betonung, dass Humanität wichtiger ist als Religionszugehörigkeit
	Abschluss	
Reue über das eigene Vorurteil, Freundschaftsangebot		Annehmen des Angebots

Besiegelung der Freundschaft durch Handschlag

II, 6: Daja kommt aus dem Haus gelaufen und unterbricht das Gespräch zwischen Nathan und dem Tempelherrn. Der Sultan habe nach Nathan geschickt und wolle ihn persönlich sehen. Dieser vermutet zunächst, dass es dem Sultan um die mitgebrachten Waren gehe, und schickt Daja wieder fort.

Schicksalhafte Verbindung zwischen Vertretern aller drei Weltreligionen

II, 7: Nathan fühlt sich dem Sultan, der ihm zuvor gleichgültig war, durch die Begnadigung des Tempelherrn verpflichtet. Er sei „[b]ereit zu allem" (V. 1355), was dieser von ihm auch wünsche. Ebenso weiß sich auch der Tempelherr tief in Saladins Schuld und äußert seine Bereitschaft, sein Leben künftig nach Saladins Willen zu gestalten. Durch zwei der eigentlichen dramatischen Handlung vorausgehende gute Taten (Begnadigung des Tempelherrn und Rettung Rechas) werden hier erstmals Vertreter aller drei Religionen als schicksalhaft aneinandergebunden dargestellt. Ihr Handeln im Sinne der Menschlichkeit hat das Ungewöhnliche – gegenseitige, vorurteilslose Achtung – bereits angebahnt. Andererseits stehen das Interesse des Sultans am Geld Nathans und der listige Plan Sittahs als mögliches Konfliktpotenzial der Hoffnung auf ein friedliches Miteinander im Wege. Der Ausgang des Dramas ist damit völlig offen.

Offenheit des Dramas in Bezug auf sein Ende

Bevor sie sich voneinander verabschieden, will Nathan den Namen des Tempelherrn erfahren. Als dieser sich darauf als Curd von Stauffen vorstellt, horcht Nathan auf und nimmt sein Gegenüber noch schärfer in den Blick. Der merkwürdige Versprecher des Tempelherrn („Mein Oheim selbst – mein Vater will ich sagen", V. 1379) bei dem Versuch der Klärung seiner Herkunft lässt darauf schließen, dass er hierüber selbst keine ausreichende Kenntnis hat und nur ungern auf dieses Thema angesprochen werden möchte. Nathan glaubt, Züge eines Bekannten namens Wolf von Filnek in ihm zu erkennen. Das gerade Gehörte nährt Nathans Verdacht, dass der Tempelherr einen anderen Vater hat als

Rätsel um die Herkunft des Tempelherrn

dieser denkt. Er hat den Verdacht, dass er der Bruder Rechas ist.

Nathans Plan und seine Ermahnung Dajas

II, 8: Nathan kündigt Daja einen baldigen Besuch des Tempelherrn in seinem Hause an. Dabei ermahnt er sie vorausschauend, seinen Plan nicht zu durchkreuzen und behutsam im Umgang mit Informationen zu sein. Wenn sein Vorhaben gelänge, würde auch ihr Gewissen beruhigt. Hier wird deutlich, dass er über einen Wissensvorsprung verfügt und zudem vorausahnt, dass Daja ihm noch einen Strich durch seine Rechnung machen könnte.

Al-Hafis Widerstand gegen Saladins Finanzpolitik und seine Sorge um Nathan

II, 9: Al-Hafi kommt – aufgewühlt durch die vergangenen Ereignisse – zu Nathan, um sich zu verabschieden. Nathan missversteht ihn zunächst, weil er vermutet, er sei im Auftrag des Sultans unterwegs, der nach ihm schicke. Der Derwisch jedoch ist seines Dienstes endgültig überdrüssig: Der Blick hinter die Kulissen des Palastes – insbesondere die Beobachtung, wie der Sultan mit Geld umgeht – widerspreche seiner eigenen Auffassung und seinem Menschenbild zutiefst. Außerdem befürchtet er, seinen Freund Nathan als möglichen Geldgeber ins Spiel gebracht zu haben und dadurch schuld daran zu sein, falls Saladin ihn ausnimmt. Und so habe er sich entschlossen, radikal auszusteigen und seinen Plan vom Leben am Ganges zu verwirklichen.

Die symbolische Bedeutung des Schachspiels als Ausdruck herrschaftlicher Souveränität

Auf die aufgeregten Ausrufe des Freundes kann sich Nathan zunächst keinen Reim machen und versucht ihn zu einer zusammenhängenden Darstellung seiner Gedanken zu bewegen. Voller Empörung führt Al-Hafi – selbst ein Liebhaber des Schachspiels – Saladins unüberlegtes Vorgehen bei der Partie gegen Sittah als Beispiel für dessen Unbelehrbarkeit an. Nathans Erklärung, das Hinwegsetzen Saladins über die Regeln und das Umstürzen der Figuren würde „mit dem Spiele spielen" (V. 1473) bedeuten und seien damit Ausdruck herrschaftlicher Souveränität, kann

Al-Hafi nicht nachvollziehen. Symbolisch zeigen sich hier der Unwille und die Unfähigkeit des Derwischs, noch länger in die weltlichen Belange und die ambivalente Herrschaftsausübung des Sultans verstrickt zu sein. Seine Entrüstung verleiht ihm zudem einen komischen Zug.

Der alternative Lebensentwurf Al-Hafis und seine kritische Funktion im Zusammenhang des Dramas

Nichtsdestotrotz ist Al-Hafi alles andere als eine Witzfigur im Drama. In Fragen nach einem guten Umgang mit anderen Menschen und nach einer moralischen Lebensführung ist sein Urteil unbestechlich. Damit ist es ihm absolut ernst. Und so führt seine Weigerung, sich zum „Werkzeug" (V. 1491) anderer machen zu lassen, zu seiner radikalen Entscheidung, aus der Gesellschaft auszusteigen. Nur am Ganges, weitab von allen weltlichen Interessen an Reichtum oder Macht, gebe es noch „Menschen". Durch seinen alternativen Lebensentwurf thematisiert der Derwisch zugleich die Gefährdung der Humanität durch äußere Einflüsse. Besonders der Sultan, in dem er gleichzeitig gute und grausame menschliche Eigenschaften vereint sieht, ist ihm ein warnendes Beispiel. Seine Position beinhaltet eine Kritik an einer allzu naiv-optimistischen Lebensauffassung, die mögliche zwischenmenschliche Probleme und Konflikte leugnet und damit die Realität verkennt.

Nathans Bewunderung und sein Urteil über den Freund

Die Konsequenz Al-Hafis kann Nathan nur bewundern und er beurteilt ihn paradoxerweise zugleich als wahren Bettler und König. Obgleich er es ablehnt, dem Freund zu folgen, und sich selbst trotz aller möglichen Konflikte für ein Leben inmitten der Menschengemeinschaft entscheidet, sieht er in Al-Hafis Entscheidung doch die eigene Forderung nach Humanität verwirklicht.

Die dramatische Funktion des zweiten Aufzugs

Der zweite Aufzug dient der Steigerung des dramatischen Geschehens. Für die Handlung wesentliche Figuren wie Saladin und Sittah werden eingeführt. Das noch ungelöste Problem der Geldsorgen des Sultans und der Plan Sittahs werfen die Frage auf, wie die Begegnung mit Nathan im Palast verlaufen wird. Werden sie ihm sein Geld abnötigen? Die Figur des Al-Hafi, der sich endgültig zum Abgang von der (politischen) Bühne entschließt, zeigt zudem eine Alternative auf, wie man es in seinem Leben schaffen kann, die eigenen Ideale nicht zu verraten. Des Weiteren ist zu erwarten, dass der Tempelherr noch eine wichtige Rolle spielen wird. Wie wird er Recha gegenübertreten? Wird seine Freundschaft mit Nathan Bestand haben?

Der dritte Aufzug – Höhepunkt (Die Ringparabel)

III, 1–3: In Nathans Haus – Begegnung Rechas mit dem Tempelherrn

III, 1: Während Recha und Daja das Eintreffen des Tempelherrn erwarten, sprechen sie miteinander zunächst über ihre geheimen Wünsche. Rechas ungeduldige Sehnsucht nach dem Besucher registriert Daja erfreut. Dabei wird deutlich, dass sie hinsichtlich einer möglichen Verbindung der beiden den Hintergedanken hat, Recha „in Europa […]/ Zu wissen" (V. 1538f.) und als ihre Betreuerin auch selbst in ihre Heimat zurückkehren zu können. Im Tempelherrn und seinem Gott sieht sie den Weg, auf welchem Recha zu ihrem Land und ihrem Volk finden kann. Sie weiß um Rechas christlich-abendländische Herkunft und glaubt, sie müsse sie zu ihren Wurzeln zurückführen, um sie zu erlösen.

Dajas geheime Sehnsucht nach Europa

Recha reagiert verwirrt auf die Andeutungen und widersetzt sich den Einflüsterungen ihrer Erzieherin. Sie stößt sich an der Vorstellung, Gott besitzen zu können und in seinem Namen zu kämpfen. Damit folgt sie nunmehr dem „Samen der Vernunft" (V. 1564), den ihr Vater ihr eingepflanzt hat, und kommt zu den vernünftigen Erkenntnissen, dass Gott niemandem gehört und die ethnische Zuge-

Rechas Widerstand gegen Dajas Einflüsterungen

hörigkeit für das Menschsein irrelevant ist. Hierdurch weist sie entschieden den erzieherischen Einfluss Dajas und deren bornierten religiösen Vorstellungen zurück, die sie um ein Haar „zur Närrin" (V. 1578) vor ihrem Vater gemacht hätten. Reflektierend erkennt sie somit die Gefahren von Dajas Weltanschauung. Indem sie sie in biologischer Metaphorik mit „Unkraut oder Blumen" (V. 1566) umschreibt, benennt sie die betörende, ambivalente Wirkung sowie den unvereinbaren Kontrast zu Nathans Erziehungsstil. So wirft beispielsweise Dajas begeisterte Erzählung von den „Glaubenshelden" (V. 1584) der Kreuzzüge ein Licht auf ihre unselige Verklärung religiös motivierter Gewalttaten.

Die Vernunft als Maßstab des Denkens und Urteilens

Indem sie eine eindeutige und reflektierte Position bezieht, zeigt sich Recha bereits sehr viel reifer als noch zuvor. Der durch ihren Vater initiierte Lernprozess hat offensichtlich eine stabilisierende Wirkung ausgeübt und sie in die Lage versetzt, nach dem Maßstab der Vernunft zu urteilen.

Rechas ironische Überlegenheit im Gespräch mit dem Tempelherrn

III, 2: Der Tempelherr trifft in Nathans Haus ein, woraufhin Recha ihm sogleich zu Füßen fallen will. Dass er dies abwehrt, nimmt sie sogleich zum Anlass, um sein steifes Pflichtbewusstsein gegenüber seinem Orden ironisch aufs Korn zu nehmen. Geschickt greift sie die durch Daja übermittelten Worte auf und überzeichnet seine frühere Argumentation, indem sie die Tempelritter als „etwas besser zugelernte Hunde" (V. 1621) betitelt. Der Angesprochene rechtfertigt sich entschuldigend damit, dass Kummer und Wut ihn zu dieser Dummheit veranlasst hätten.

Begeisterung und Verliebtheit des Tempelherrn

Im Verlauf ihres Gespräches wird er durch seine aufkeimenden Gefühle für Recha übermannt, während sie ihre Fassung behält und um Worte nicht verlegen ist. Seine wachsende Verwirrung und Verliebtheit kulminieren in einem doppelten Ausrufen ihres Namens. In seiner treffenden Voraussage ihrer Anziehungskraft – „‚Kennt sie nur erst!'" (V. 1673) – gibt er Nathan nachträglich recht und verschwindet übereilt unter dem Vorwand, er sei mit Nathan verabredet.

III, 3: Sobald die beiden Frauen wieder allein sind, bekundet Recha, dass für sie ganz offensichtlich die Begegnung mit dem Tempelherrn eine gegenteilige Wirkung gehabt hat als für ihn. So sei in ihr Herz eine unerklärliche „Stille" (V. 1713) eingekehrt, die jedoch keineswegs bedeute, dass ihr der Tempelherr nunmehr gleichgültig sei. Intuitiv verändert sie dadurch das Verhältnis zu ihrem Retter von stürmischer Schwärmerei zu einer tiefen, stillen Wertschätzung, ohne selbst den Grund dafür zu kennen. Sie scheint hier bereits die Schranke vorauszuahnen, die einer Heirat entgegensteht. Später, als deutlich wird, dass der Tempelherr ihr Bruder ist, erweist sich ihr Gefühlsumschwung als richtig. Daja, die sich beim Miterleben der wachsenden Unruhe des Tempelherrn schon am Ziel gewähnt hat, versteht Recha nicht und erklärt sich das Erkalten ihrer Verliebtheit damit, dass es wohl nur der Vorbote einer neuerlichen aufwallenden Gefühlsregung sei.

Rechas innere Ruhe und ihre neue Sichtweise auf den Tempelherrn

III, 4–7: Audienzsaal im Palast des Sultans – Die Ringparabel als Gleichnis für den Umgang der Religionen miteinander und als Instrument zur Erziehung Saladins

III, 4: Sittah und Saladin besprechen vor der Ankunft Nathans letzte Details ihres Plans. Dem Bruder scheint das Vorgehen nicht geheuer und er äußert seine Skrupel dagegen, mit „Waffen, die [er] nicht gelernt zu führen" (V. 1737), nämlich mit Intrigen und rhetorischen Tricks anstatt mit dem Schwert, gegen einen vielleicht guten und vernünftigen Menschen zu kämpfen. Die unterschiedliche Vorgehensweise der Geschwister veranschaulicht Sittah später durch die Tiermetaphern vom Löwen und vom

Saladins Skrupel gegen das eigene Vorhaben ...

Fuchs. Durch die fünfmalige Wiederholung des Wortes „Geld" (V. 1742f.) wird deutlich, dass Saladin neben der Vorgehensweise auch der niedere Beweggrund für das Vorhaben anwidert.

... und Sittahs Rechtfertigung

Ganz anders Sittah: Sie sieht sich selbst im Recht, da der von ihr ersonnene Plan nur bei einem „geizigen, besorglichen,/Furchtsamen Juden" (V. 1752f.) aufgehe, ein guter und weiser Mann jedoch in der Lage sei, sich ihm zu entwinden. Hierdurch greift sie gängige antijüdische Vorurteile auf und rechtfertigt die Instrumentalisierung ihrer jüdischen Mitmenschen, wenn sie es befürwortet, „[e]in jedes Ding nach seiner Art zu brauchen" (V. 1772). Obgleich Saladin ihr die Beschönigung der Tatsachen zum Vorwurf macht, lässt er sich dennoch von ihr überreden, den Entschluss auszuführen.

III, 5: Das Gespräch mit dem eintreffenden Nathan eröffnet Saladin mit der Anspielung auf dessen Beinamen: der „Weis[e]" (V. 1804). Auf Nathans Versuch, die Verwendung des Begriffs auf bescheidene Weise zu relativieren, reagiert Saladin unwirsch und will schnell zur Sache kommen. Über-

Nathan erzählt Saladin die Ringparabel – Das dritte große Erziehungsgespräch (Altes Schauspielhaus Stuttgart)

raschenderweise richtet er die verfängliche Frage welche der drei Weltreligionen – Judentum, Christentum oder Islam – die wahre sei, nicht an Nathan als Kaufmann, sondern an ihn als den Weisen. Im Bewusstsein seiner Macht fügt er überheblich hinzu, er selbst habe keine Zeit gehabt, darüber nachzudenken, und wolle deshalb die Lösung an ihn delegieren. Damit stellt er als Muslim den Juden Nathan vor ein scheinbar unlösbares Dilemma: Antwortet er im Sinne seiner eigenen Religion, des Judentums, so würde dies eine schwere Beleidigung bedeuten. Gibt er als Antwort hingegen den Islam an, so wäre klar, dass er aus Angst seine eigene Religion zu leugnen bereit wäre oder ihr ohne einen tieferen Grund angehöre. Als Nathan mit der Antwort zögert und sein Gegenüber stattdessen auf der Suche nach dessen Motiv für seine Frage aufmerksam mustert, gibt ihm der Sultan Bedenkzeit und zieht sich kurz zurück.

Die Frage nach der wahren Religion als Falle für Nathan

III, 6: In dem sogenannten Sammlungs- bzw. Grübelmonolog äußert Nathan seine Verwunderung über Saladins Frage. Die Art und Weise der angeblichen Wahrheitssuche des Sultans stört ihn, denn dieser will offensichtlich nicht durch eigenes Nachdenken und Ringen zum Ergebnis kommen, sondern es sich wie auf einem Silbertablett ohne eigene Anstrengung reichen lassen. Während er über das Geschehen reflektiert, wird er misstrauisch und ahnt die Falle. Schnell jedoch reift in ihm ein rettender Plan, dem Sultan ein „Märchen" (V. 1890) zu erzählen.

Nathans Misstrauen und sein Rettungsplan

III, 7: Nathan tritt dem Sultan selbstbewusst gegenüber. Auf dessen Versicherung, niemand sei zugegen, antwortet er mit dem Wunsch, es möge doch „[d]ie ganze Welt" (V. 1894) seine Antwort hören. Saladin wird damit wie der Leser auf die zentrale Bedeutung des Kommenden vorbereitet. Dramaturgisch geschieht hierbei durch ein geringfügiges Heraustreten aus der Rolle eine Wendung zum Publi-

Selbstbewusster Auftritt Nathans vor einem machtbewussten Saladin

kum. Die Replik Saladins verrät neben der Bewunderung für Nathans hohen Anspruch an sich selbst indirekt auch die von ihm selbst ausgehende Gefahr für Nathans „Leib und Leben" (V. 1898). Nathan bittet um die Erlaubnis, eine Geschichte zu erzählen, bevor er zur Antwort auf die Frage kommt. Damit widersetzt er sich geschickt der Forderung des Sultans, die Wahrheit „so bar, so blank" (V. 1868) wie eine Münze zu präsentieren. Bei der Geschichte handelt es sich um die sogenannte Ringparabel, die als Mittelpunkt des gesamten Dramas fungiert.

Die Parabel als Denkmodell

Nathan erzählt zunächst die Vorgeschichte, die der eigentlichen Handlung vorausgeht. Das Geschehen ist in eine weite zeitliche und örtliche Ferne gerückt und erinnert an ein orientalisches Märchen. Aus dieser großen Distanz heraus wird die Handlung des Dramas zur Zeit der Kreuzzüge erhellt. Unverkennbar verweist das Märchen aber auch auf aktuelle Probleme zur Entstehungszeit des Stückes und erfüllt damit die Funktion eines Denkmodells. Erzählt wird von einem Mann, welcher einen Ring mit der geheimnisvollen Macht besaß, den Träger „vor Gott/Und Menschen angenehm zu machen" (V. 1915f.). Die Macht des Rings entfaltet sich jedoch nicht magisch wie von selbst, sondern hat den Glauben und die Zuversicht des Ringträgers zur Bedingung. In Bezug auf die Wirkungsmacht kommt es somit auf den Ringträger und nicht auf den Ring an. Entsprechend wird der Ring auch nicht an den ältesten, sondern an den liebsten Sohn des Vaters vererbt. Die Vorgeschichte zeigt einen utopischen Zustand: Tugendhaftigkeit und Liebenswürdigkeit sind anstelle gesellschaftlicher Traditionen entscheidend dafür, wer die machtvollste Position in der Familie und im Staat innehat.

Die Vorgeschichte: Der Ring und seine geheimnisvolle Macht

Die List eines Vaters – Drei voneinander nicht unterscheidbare Ringe

Nachdem er sich der Aufmerksamkeit seines Zuhörers vergewissert hat, fährt Nathan fort: Eines Tages stockt der Prozess der Weitergabe des Rings, weil ein Vater seine drei Söhne ohne Unterschied liebt. Um einer Entscheidung zu entgehen, lässt er zwei weitere Ringe anfertigen und vererbt jedem seiner Söhne auf dem Sterbebett einen Ring. Interessanterweise scheint für ihn das eigene Vorgehen nicht problematisch zu sein, er empfindet Erleichterung darüber, auch selbst den wahren Ring nicht mehr von den falschen unterscheiden zu können.

Die betroffene Reaktion des Sultans zeigt, wie er sich emotional auf die Geschichte Nathans einlässt und dabei beginnt, sich zu verändern. Trotzdem verwendet er im Gespräch noch immer Imperative, mit welchen er seine überlegene Rolle demonstriert. Unbefriedigt reagiert er auch, als Nathan die Parabel auslegt, die drei Ringe als Symbol für die drei Religionen deutet und andeutet, er wolle sich eine Antwort auf die Frage nach der wahren Religion nicht anmaßen. Sehr wohl, so argumentiert Saladin, gebe es deutliche Unterschiede zwischen den Religionen bis „auf die Kleidung, bis auf Speis und Trank!" (V. 1973). Dass er damit auf die äußere Gestalt und Ausprägung der Religionen anspielt, nimmt Nathan zum Anlass, die narrative Ebene zu verlassen und nunmehr in einen rationalen Disput einzutreten. Er spricht deshalb nicht länger erzählerisch in Form der Parabel, sondern argumentativ. Er schlägt damit die Brücke von dem Gesagten zum Gemeinten. Indem er die Unterschiede durch die Historizität[1] der Religionen erklärt, zeigt er ein historisch-kritisches Denken, in dem Vernunft und Glaube sich gegenseitig erhellen. Zugleich gelingt es ihm, die konfessionelle Identität von Juden, Christen und Muslimen damit zu erklären, dass sich jeder Mensch durch die Liebe zu den Vätern in bestimmte kulturelle Normen und Gedanken eingewöhnt. Innerfamiliäre Solidarität und Zugehörigkeit gelten demnach auch für Religionsgemeinschaften. Obwohl er seine eigene Reli-

Die Historizität der Religionen als Ursache für deren Unterschiede

[1] Historizität: historische Betrachtungsweise; das Eingehen auf die Geschichte und ihre Zusammenhänge

gion damit für wahr und richtig hält, gesteht er Andersgläubigen das gleiche Recht ein: Andere Religionen sind darum nicht falsch, sondern für ihre jeweiligen Vertreter wahr. Der Sultan hat dem nichts entgegenzusetzen und kapituliert.

Der weise Richter verweigert das Urteil und erteilt einen Rat

Nathan jedoch ist mit seiner Geschichte und zugleich mit der erzieherischen Einwirkung auf Saladin noch nicht fertig. Er fährt mit der Geschichte fort, indem er die Figur eines Richters einführt, welcher im Streit der drei Söhne den wahren Erben ermitteln soll. Dass sich die drei nach dem Tod des Vaters nicht einigen können, sondern sich feindselig begegnen und nur den eigenen Vorteil suchen, nimmt dieser zum Anlass, sie alle drei als „[b]etrogene Betrüger" (V. 2024) zu bezeichnen: Keiner der drei besitze die typischen Eigenschaften des Ringträgers. Da sie sich nun alle durch Geltungsstreben und Egoismus vor Gott und den Menschen unbeliebt gemacht hätten, sei der echte Ring vermutlich verloren. Statt eines Urteils erteilt er den Söhnen den Rat, von nun an durch ihr Handeln in der Welt und am Nächsten die Wirkung des eigenen (echten) Rings zu beweisen. Damit verwandelt sich die ursprüngliche Fragestellung von einer theoretisch-theologischen zu einer praxisorientiert-ethischen: Die Wahrheit entscheidet sich erst im konkreten Handeln des Menschen und ist allein im gelehrten Disput nicht zu ergründen.

Bescheiden tritt er darauf von seinem Richteramt zurück und vertagt die Entscheidung auf den weit entfernten Zeitpunkt „über tausend tausend Jahre" (V. 2050), wenn ein „weis'rer Mann" (V. 2052) seinen Richterstuhl bekleide. Die Weisheit des Richters und damit zugleich auch die Nathans bestehen somit gerade in der Verweigerung einer Antwort: Diese würde bedeuten, andere Glaubensweisen der Lüge zu bezichtigen und damit deren Verachtung und schlimmstenfalls Verfolgung in Kauf zu nehmen.

Saladins begeisterte Ausrufe „Herrlich, herrlich" (V. 2028) und „Gott, Gott" (V. 2054) zeigen an, dass Nathan es mit der Erzählung des letzten Teils der Parabel schafft, seinen Zuhörer intensiv in das erzählte Geschehen zu verwickeln. Auf die abschließende Frage Nathans, ob er nun dieser weisere Richter sein wolle, erkennt er die Tragweite und Anmaßung der eigenen Forderung an Nathan. Sogleich verlässt er die Position eines Machthabers und erlebt einen Moment der Selbstkritik und -erkenntnis, wobei er sich selbst als Staub oder Nichts bezeichnet. Dass er dem Gesprächspartner nunmehr auf Augenhöhe begegnet, wird durch den Wechsel der Anrede von dem unpersönlichen „Jude" (V. 1857) zu „Nathan" (V. 2057) sowie durch einen bittenden Unterton in seinen Äußerungen deutlich. Sein ursprüngliches Ziel, an Geld zu kommen, scheint er vollends aus den Augen verloren zu haben. Er bittet stattdessen um die Freundschaft Nathans.

Saladins Lernprozess und seine veränderte Haltung

Nathan indes bietet ihm im Bewusstsein der miserablen finanziellen Situation des neu gewonnenen Freundes freiwillig Geld an, das der Tempelherr überbringen soll. Damit wird die zentrale Rolle, die dieser „Jüngling" (V. 2091) noch für den weiteren Handlungsverlauf haben wird, angedeutet.

Vorausdeutung auf die Rolle des Tempelherrn für den weiteren Handlungsverlauf

Die Ringparabel

Ein Vater	→ Gott
Ein Ring	→ Die eine, wahre Religion
Drei Söhne	→ Drei Weltreligionen – Ein Bund Gottes mit Juden, Christen und Muslimen
Vererbung dreier gleich aussehender Ringe	→ Gott will die Religionen nicht qualifizieren, sondern voneinander ununterscheidbar machen
Streit unter den Brüdern	→ Geschichte der Religionskriege
Zuhilfenahme des Richters	→ Suche nach endgültiger Entscheidung
Ablehnung eines Urteils und Rat an die Brüder	→ Appell an die Religionsgemeinschaften, durch gutes Handeln die Wahrheit ihres Glaubens zu erweisen

III, 8–10: Ein Platz unter Palmen – Aufkeimende Leidenschaft des Tempelherrn für Recha, reservierte Reaktion Nathans und Offenbarung des Geheimnisses um Rechas Herkunft

Die Liebe des Tempelherrn zu Recha ...

III, 8: Der Tempelherr geht allein spazieren und äußert in einem langen Monolog seine für ihn völlig neuen Gefühle. Die Begegnung mit Recha hat seine Liebe zu ihr entflammt, sodass er sich fortan „[a]n sie verstrickt, in sie verwebt" (V. 2125) glaubt. Einer Liebesbeziehung zwischen einem Tempelritter und einem jüdischen Mädchen stehen allerdings gesellschaftliche und religiöse Konventionen entgegen: Neben der unterschiedlichen Religionszugehörigkeit ist auch das Keuschheitsgelübde seines Ordens ein schwerwiegender Hinderungsgrund.

... und die Suche nach seiner wahren Identität

Die Gedanken des Tempelherrn zeigen eine Entfernung von seinem früheren Denken, für welches eine enge Bindung seines Welt- und Selbstbildes an die Werthaltungen seines Ordens charakteristisch war. Er scheint sich seiner eigenen Identität nicht mehr sicher zu sein: Der Ausspruch „Ich Tempelherr/Bin tot" (V. 2135f.) zeigt die Abkehr von seiner vorherigen Rolle. Obgleich er noch nicht genau weiß, wer er von nun an sein will, ist er sich doch sicher, dass seine neue Identität „für/Den väterlichen Himmel mehr gemacht" (V. 2141f.) sein wird. Obwohl er nur wenig von seinem Vater weiß, deutet sich hier an, dass dieser eine ähnliche Wendung durchlebt hat. Sein Gefühl trügt den Tempelherrn nicht. Tatsächlich passt diese Beschreibung zu Assad, dem Bruder Saladins, der zum Christentum konvertiert ist, um eine Christin heiraten zu können. In dem Versuch, seine Orientierungslosigkeit zu überwinden, vergewissert sich der Tempelherr verstärkt seiner muslimischen Herkunft. Neben seinem Vater nimmt er sich zudem nunmehr auch Nathan zum Vorbild.

Die stürmische Bitte des Tempelherrn um die Hand Rechas

III, 9: Der Tempelherr erblickt den vom Sultan zurückkehrenden Nathan und beginnt ein Gespräch. Auf Nathans Nachfrage, welchen Eindruck seine Tochter bei ihm hinterlassen habe, kann er seine Begeisterung und Verliebtheit kaum zügeln. Indem er ihn mit „Mein Vater" (V. 2178) anredet, hält er um die Hand Rechas an. Auf Nathans zögernde Reaktion – er weigert sich, ihn Sohn zu nennen – wird sein Ton flehentlicher. Da er unterstellt, dass Nathan äußere Hindernisse gegen eine Verbindung geltend machen will, argumentiert er damit, dass später festgelegte religiöse oder gesellschaftliche Konventionen nicht den Vorrang vor der menschlichen Natur haben dürften.

Nathans zurückhaltende Reaktion beleidigt den jungen Mann

Nathans Zurückhaltung hat ganz andere Hintergründe: Er argwöhnt immer stärker, dass der Tempelherr der Bruder Rechas sein könnte und er deshalb einer Ehe zwischen beiden nicht zustimmen kann. Ärgerlich nennt der Tempelherr den Namen Curd von Stauffen. Nathan jedoch kennt diesen als Tempelherrn und schließt deshalb aus, dass er Nachkommen gehabt hat. Der Sarkasmus in der Antwort des Tempelherrn, der sich selbst als möglichen „Bastard oder Bankert" (V. 2209) bezeichnet und bittet, doch von der „Ahnenprobe" (V. 2211) nun erlöst zu werden, zeigt, dass er sich verletzt und abgewiesen fühlt. Obwohl Nathan betont, er brauche für eine Antwort nur einen zeitlichen Aufschub, lehnt es der Tempelherr ab, mit ihm zu kommen, und bleibt verwirrt und beleidigt zurück.

Begegnung des verwirrten Tempelherrn mit Daja

III, 10: Die Begegnung mit Nathan hat die Gefühle und Gedanken des Tempelherrn nachhaltig durcheinandergewirbelt. Er ruft sich selbst zur Ordnung. In diesem Augenblick jedoch erscheint Daja und gibt zu erkennen, dass sie ihm ein Geheimnis anvertrauen wolle, wenn er ihr im Gegenzug seine durch die Verschiedenheit ihrer Religionen

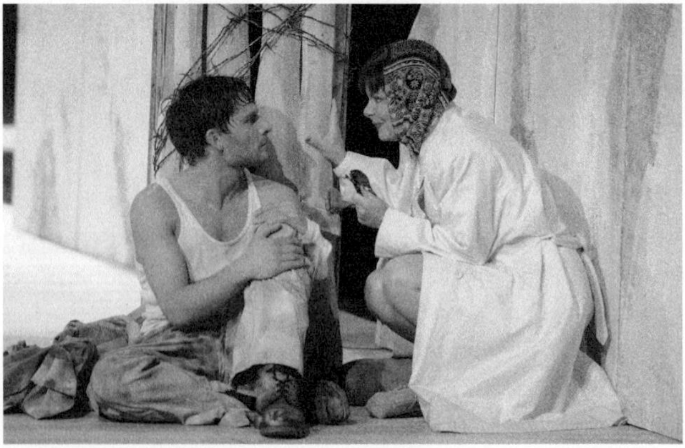

Die geschwätzige Daja verrät dem Tempelherrn das Geheimnis um Rechas Herkunft (Das Meininger Theater)

unsinnig scheinende Liebe zu Recha preisgebe. Als er dies bejaht, will sie ihm das Versprechen abringen, sie durch eine Heirat „zeitlich hier [und] ewig dort zu retten" (V. 2297). Sie gibt damit zu verstehen, dass sie Recha verloren glaubt, wenn sie weiterhin als Jüdin leben würde. Hiermit verrät sie ein exklusives Verständnis von der Heilsgeschichte, wonach nur die auf Christus Getauften Zugang zur Erlösung haben, während Angehörige anderer Religionen weder Anteil an der Wahrheit noch am ewigen Heil haben.

Dajas exklusives heilsgeschichtliches Verständnis

Nachdem der Tempelherr Daja seine Liebe zu Recha gestanden und ihr von Nathans abwehrender Haltung berichtet hat, entschließt sich Daja, nun auch ihr Geheimnis preiszugeben: Recha sei keine Jüdin, sondern Christin und Nathan nicht ihr leiblicher Vater. Er habe sie als Säugling aufgenommen und erzogen, ohne sie über ihre Herkunft aufzuklären. Nachdem er sich zunächst durch Dajas Sensationsgier abgeschreckt gezeigt hat und ihr kaum glauben konnte, beurteilt der Tempelherr schließlich die Neuigkeit doch als etwas „[v]on Wichtigkeit, – was Folgen haben kann" (V. 2364), ohne jedoch bereits vorherzusagen, was er nun zu tun gedenkt. Daja ihrerseits verrät zum Schluss des Gesprächs ihre eigene Motivation bei der Sache: Sie will mitgenommen werden, wenn der Tempelherr Recha nach Europa mitnimmt.

Dajas Geheimnis: Recha ist eine Christin und nicht Nathans leibliche Tochter

Die dramatische Funktion des dritten Aufzugs

Der dritte Aufzug stellt den Höhepunkt der dramatischen Handlung dar. Die Figur des Tempelherrn, seine aufkeimende Liebe zu Recha und seine neuerliche Verwirrung, stellt dabei einen Schwerpunkt der Handlung dar. Es bleibt abzuwarten, ob er mit der Information über Rechas wahre Herkunft gegen Nathan vorgehen wird. Auch ist der Grund für Nathans abwartende Reaktion gegenüber der Liebe des Tempelherrn zu Recha noch unbekannt. Des Weiteren

Der Tempelherr und seine Liebe zu Recha

bleibt zu klären, warum Nathan sie damals aufgenommen hat und sie als seine Tochter erzieht.

Die Ringparabel

Das Zentrum des dritten Aufzuges und damit der gesamten Dramenhandlung stellt die Ringparabel dar. Durch verschiedene Mittel der Spannungssteigerung in den vorangehenden Szenen wird der Leser auf sie vorbereitet und ist nun gespannt, inwiefern Nathan sich in einer verzwickten Lage wirklich als „der Weise" zeigen wird. Seine Parabel ist weit mehr als nur die Lösung seines Problems. Sie fungiert als Denkmodell und kommentiert und erhellt die gesamte Dramenhandlung. Exemplarisch wird durch sie ein Weg aufgezeigt, wie Vertreter unterschiedlicher Religionen miteinander in Frieden leben können. Zugleich wird die bisherige Geschichte der Religionskriege und der gegenseitigen Intoleranz kritisiert. Nathans erzieherisches Geschick erweist sich insofern noch einmal als gesteigert, als er mit dem Sultan einen weit mächtigeren und ihm zunächst feindlich gesinnten Gesprächspartner hat, als dieses in den beiden Erziehungsgesprächen mit Recha und dem Tempelherrn der Fall war. Mit dem versöhnlichen Abschluss und der Freundschaft zwischen dem Muslim Saladin und dem Juden Nathan erscheint ein für die Handlung wesentlicher Konflikt bereits gelöst.

Der vierte Aufzug – Retardation (Der Patriarch[1] als Gegenspieler)

IV, 1–2: In den Kreuzgängen des Klosters – Gespräch zwischen dem Rat suchenden Tempelherrn und dem blutbegierigen Patriarchen über die Annahme eines Christenmädchens durch einen Juden

IV, 1: Auf dem Weg zum Patriarchen, von dem er sich Rat holen will, begegnet der Tempelherr dem Klosterbruder. Er findet diesen sinnend über seine unglückliche Rolle vor: Er, der eigentlich doch durch den Eintritt in den Orden ein kontemplatives Leben gewählt hat, wird nun durch den Patriarchen gegen seinen Willen gezwungen, als Werkzeug für dessen intrigante politische Absichten – er strebt eine Weiterführung des Glaubenskrieges an – zu fungieren. Entsprechend unwillig reagiert er auf die Ankunft des Tempelherrn, weil er fürchtet, dieser habe sich nun doch aus niederen Beweggründen entschieden, im Auftrag des Patriarchen zum Spion und Attentäter zu werden.

Der innere Konflikt des Klosterbruders

Als er hört, dass es dem Tempelritter um einen Ratschlag geht, will er davon abraten, damit ausgerechnet zum Patriarchen zu gehen. Dieser höre auch nie auf fremde Ratschläge, nicht einmal, wenn es bei diesen eindeutig um weltliche, ritterliche Angelegenheiten wie z. B. Krieg gehe. Die Art und Weise, wie der Tempelherr sein Anliegen rechtfertigt, verrät seinen Rückfall in überwunden geglaubte Vorurteile aus Bitterkeit. Wenn er argumentiert „Religion ist auch Partei, und wer/Sich drob auch noch so unparteiisch glaubt,/Hält, ohn' es selbst zu wissen, doch nur seiner/Die Stange" (V. 2435 ff.), spielt er darauf an, dass Nathans Ab-

Rückfall des Tempelherrn in überwunden geglaubte Vorurteile

[1] Patriarch: in der Spätantike und heute ein Kirchenoberhaupt mit Jurisdiktionshoheit und damit vom Rang her mit einem Bischof oder Kardinal vergleichbar

lehnung einer Heirat zwischen ihm und Recha an ihrer unterschiedlichen Religionszugehörigkeit liegt. So beschuldigt er Nathan der Heuchelei. Insgeheim jedoch scheint er sich seiner Sache nicht ganz sicher zu sein, denn in einem plötzlichen Meinungsumschwung erkennt er im Klosterbruder den aufrichtigeren Ratgeber und bittet ihn anstelle des Patriarchen um Rat. Dieser will jedoch nicht in das Geheimnis eingeweiht werden und lehnt ab.

Das äußere Erscheinungsbild des Patriarchen und seine unsympathische Wirkung

IV, 2: Bei seinem ersten Auftritt hinterlässt der Patriarch sogleich einen negativen Eindruck. Sein äußeres Erscheinungsbild wirkt durch die auffälligen Zeichen geistlicher Macht ausgesprochen pompös. Offensichtlich ist es ihm wichtig, sich durch diese Äußerlichkeiten gleich als Amtsträger zu präsentieren und dadurch Macht und Würde auszustrahlen. Der Tempelherr findet ihn spontan unsympathisch, kann aber einem Gespräch nicht mehr ausweichen und trägt ihm seine Bitte um Rat vor.

Kirchliches Interesse und menschliche Vernunft als Widersprüche

Vorgefertigte Urteile statt reflektierter Entscheidungsprozesse

Sofort reagiert der Patriarch mit der Aufforderung, den Rat auch anzunehmen, ohne die Frage überhaupt zu kennen. Hierdurch verrät er bereits die Grundzüge seiner Weltanschauung. So lehnt er jede kritische, nach vernünftigen Maßstäben geleitete Analyse und Prüfung eines Problems zugunsten einer dogmatisch verengten Lösung ab. Richtig ist für ihn, was dem „Heil der Kirche" (V. 2484) und seinem Machtanspruch entgegenkommt. Da er die kirchlich-institutionellen Interessen im Widerspruch zur menschlichen Vernunft sieht, muss er gegen sie permanent polemisieren[1]. Typisch für sein Denken ist seine Reaktion auf den geschilderten Fall der heimlichen Annahme eines christlichen Kindes durch einen Juden: Anstatt sich hineinzuden-

[1] Polemik: scharf geführter, argumentativer Schlagabtausch in einer politischen, literarischen oder wissenschaftlichen Kontroverse. Polemisieren heißt, einer entgegengesetzten Meinung ironisch, unsachlich und scharf zu begegnen.

ken und nach Einzelheiten zu fragen, will er lediglich wissen, ob es sich um ein „Faktum oder eine Hypothes'" (V. 2511) handelt, um entweder gar nicht weiter denken zu müssen oder aber schnell den Juden zur Rechenschaft ziehen zu können. Jeder weitere Einwand des Tempelherrn wird durch die monotone Wiederholung des vorschnell gefällten Urteils – „[t]ut nichts!, der Jude wird verbrannt" (z.B. V. 2546) – ungehört abgewiesen. Sein moralisches Urteilen steht damit in auffälligem Kontrast zu dem der fiktiven Richterfigur der Ringparabel und zu der Nathans: Wo diese aus Weisheit heraus ein Urteil ablehnen und stattdessen Rat erteilen, urteilt der Patriarch intolerant, vorschnell und ungerecht.

Der Tempelherr wird angesichts solchen Starrsinns zu Nathans Verteidiger. Zugunsten des nicht näher benannten Juden formuliert er verschiedene entlastende Argumente, die die Annahme und Erziehung des christlichen Mädchens durch Nathan nicht nur rechtfertigen, sondern sogar in einem positiven Licht darstellen. So sei das Kind ohne die Tat des Juden vielleicht gestorben. Auch habe er sie nicht explizit in einem bestimmten Glauben, sondern nach den Maßgaben der Vernunft erzogen. Aufgrund seines totalitären und diktatorischen Denkens lässt der Patriarch jedoch keines der Argumente zu, sondern verkehrt sie geradezu in ihr Gegenteil. Dabei zeigt sich sein Dogmatismus[1] von der dunkelsten Seite, wenn er behauptet, das Kind sei zu seinem eigenen Wohl besser christlich getauft gestorben, als „zu seinem ewigen Verderben" (V. 2548) durch einen Juden gerettet zu werden. Religion ist für ihn nicht Motivation zur Nächstenliebe und zu ethischem Handeln, sondern dient allein der Funktion, „[a]lle bürgerlichen Bande"

Der Tempelherr wird zum Verteidiger des Juden

[1] Dogmatismus: unkritische, starre Denkweise, die überlieferte „Dogmen" (Lehr- und Glaubenssätze) für allezeit und allerorts als gültig erklärt. Eine kritische Prüfung oder Aktualisierung der Lehrmeinung wird dabei konsequent abgelehnt.

(V. 2580) zusammenzuhalten, also staatlichen und politischen Interessen zu dienen. Der machtbesessene Patriarch verweist damit auf mögliche unselige Auswirkungen einer Verquickung von Kirche und Staat.

Unversöhnlicher Abschluss des Gesprächs

Angewidert unterbricht ihn der Tempelherr und gibt eine Verabredung mit Saladin als Grund vor, um gehen zu können. Heuchlerisch bittet ihn der Patriarch, ihn beim Sultan zu empfehlen, und rechtfertigt sein Verhalten damit, vom „Eifer Gottes" (V. 2592) getrieben worden zu sein. Dennoch bleibt er weiterhin ein von Blutgier und Intoleranz Getriebener. Unbelehrbar setzt er schließlich den Klosterbruder namens Bonafides heimlich darauf an, den Juden, dessen Namen der Tempelherr verschwiegen hat, ausfindig zu machen.

IV, 3–5: Ein Zimmer im Palast des Sultans – Vermutung über die Abstammung des Tempelherrn aus der Sultansfamilie und die Beschwerde des Tempelherrn über Nathans Verhalten

Saladins aufgeschlossene Haltung gegenüber christlichen Zivilisten

Die Erinnerung Saladins an Assad

IV, 3: Im Palast trifft das Geld Nathans ein. Saladin will sogleich nach seinem Schatzmeister Al-Hafi schicken: Offensichtlich hat er noch gar nicht bemerkt, dass dieser endgültig fort ist. Da ihm klar ist, dass er selbst wieder seiner alten Schwäche nachgeben und das Geld freigiebig ausgeben würde, überlegt er, es seinem Vater in den Libanon zu schicken. Auch erfährt der Leser, dass Saladin mit seinem Geld christliche Pilger unterstützt. Jene Christen, die sich in ziviler Absicht Jerusalem nähern, werden nicht nur toleriert, sondern sogar unterstützt. Dass Saladin dies tut, obwohl andere Christen gerade den vereinbarten Waffenstillstand gebrochen haben, zeigt seinen differenzierten Blick auf Vertreter anderer Religionen sowie seine grundsätzliche Toleranz und Weltoffenheit. Sittah findet ein Bild des Bruders Assad, dessen Anblick Saladin traurig werden lässt. Er erzählt Sittah, dass Assad eines Tages nach einem Ausritt nicht heimgekehrt sei. Saladin, der ungeduldig auf die Ankunft des Tempelherrn wartet, nimmt sich vor, diesen mit dem Bild zu vergleichen und auf diese Weise die Ähnlichkeit zwischen beiden zu prüfen.

IV, 4: Der Tempelherr erscheint im Palast und bezeichnet sich selbst unterwürfig als „Gefangne[n]" (V. 2651) Saladins. Dieser jedoch schenkt ihm die Freiheit, weil er in ihm das Ebenbild seines geliebten Bruders erkennt. Seine Zuneigung geht so weit, dass er ihn bittet, freiwillig das Leben im Palast mit ihm zu teilen. Er lässt ihm dabei die Wahl, welcher Religion er angehören will. Mit seinem metaphorischen Ausspruch, „Ich habe nie verlangt,/Dass allen Bäumen e i n e Rinde wachse" (V. 2687 f.), beweist er seine tolerante Haltung. Der Tempelherr seinerseits erkennt Saladins inneren Konflikt zwischen seiner weltlichen Position und dem geheimen Wunsch nach einem friedlichen, gottergebenen Leben als „Gottes Gärtner" (V. 2690). Mit einem Handschlag besiegeln die beiden ihre Übereinkunft.

Innige Verbundenheit zwischen Saladin und dem Tempelherrn

Auf die Frage nach dem Verbleib Nathans wird der Ton des Tempelherrn jedoch plötzlich frostig. Mit der Andeutung, dass viele Dinge miteinander unversöhnliche Seiten hätten, beginnt er seine Kritik an Nathan, in welche er sich immer weiter hineinsteigert. Saladin ahnt offenbar eine Überreaktion des jungen Mannes voraus, denn er mahnt von Anfang an zur Besonnenheit. Der Tempelherr jedoch lässt nicht locker, sondern verfällt in seine alten judenfeindlichen und dadurch menschenverachtenden Denkmuster.

Aufbrechen alter antijüdischer Vorurteile

Das, was ihn an Nathan stört, führt er darauf zurück, dass dieser Jude sei. Er verfälscht in seinem Bericht von dem vergangenen Geschehen die Fakten zu dessen Ungunsten. Mit unverkennbarem Sarkasmus schildert er, wie Nathan auf sein Drängen auf eine Heirat mit Recha abwartend rea-

Der Besitzanspruch des Tempelherrn auf Recha und sein gewaltbereiter religiöser Fanatismus

giert hat, und zieht hierzu den unverhältnismäßigen Vergleich mit seiner eigenen Rettungstat, die bei einem ähnlich bedächtigen Vorgehen gescheitert wäre, heran. Er bezichtigt ihn weiterhin, unfrei zu handeln, und verrät dem Sultan das Geheimnis um die Herkunft Rechas. Schließlich versteigt er sich, geblendet von einem unerklärlichen Besitzanspruch auf das „verzettelt Christenkind" (V. 2776), sogar zu hasserfüllten Verfolgungsfantasien. Seine unverhohlene Aggressivität drückt sich sprachlich durch die Verwendung von Metaphern aus dem Bereich der Jagd aus. Dadurch, dass er plant, hinter den „jüd'schen Wolf/Im philosoph'schen Schafpelz Hunde schon/Zu bringen [...], die ihn zausen sollen" (V. 2780 ff.), wird seine Gewaltbereitschaft überdeutlich.

Saladins Mahnung, er bittet um Frieden und Versöhnung

Der Sultan mahnt wiederholt zur Besinnung. Mit dem Ausdruck „Sei ruhig, Christ!" (V. 2783) bringt er die Ausfälligkeiten des Tempelherrn in eine Verbindung mit seiner Religionszugehörigkeit. Er weiß um die akute Gefährdung seines jüdischen Freundes durch christliche Fundamentalisten und ermahnt deshalb den Tempelherrn ernst, Nathan nicht „den Schwärmern deines Pöbels" (V. 2799) preiszugeben und sein Christsein nicht in feindseliger Abgrenzung zu anderen Religionen auszuleben. Zugleich übt er jedoch auch nachsichtige Milde und versichert dem jungen Mann auf dessen Nachfrage, dass auch sein Bruder Assad wohl ähnlich „brausend" (V. 2791) reagiert hätte. Alarmiert jedoch schickt er den Tempelherrn auf die Suche nach Nathan, nachdem er erfährt, dass der Patriarch bereits über die Angelegenheit informiert sei.

Erhärtung eines Verdachts – Der Tempelherr ist der Sohn Assads

IV, 5: Die im Palast zurückbleibenden Geschwister erkennen viele Merkmale des verschollenen Assads. Der Verdacht, dass sich dahinter ein tatsächliches Verwandtschaftsverhältnis verbirgt, wird durch Saladins Beobachtung, sein Bruder sei „[a]uf hübsche Christendamen so erpicht"

(V. 2833) gewesen, erhärtet. Gar habe es Gerüchte gegeben, die er aus tiefer Sympathie zu Assad und zum Tempelherrn nicht näher nennen wolle. Da er den im Tempelherrn wiedergefundenen Bruder nicht mehr verlieren will, plant er, ihn in seinen Heiratsabsichten zu unterstützen. Sittah geht in ihrem Machtbewusstsein sogar noch einen Schritt weiter und hält es für vertretbar, Nathan die Tochter auch ohne dessen Einwilligung zu entziehen.

IV, 6–8: Im Haus Nathans – Nathans Vergangenheit und seine Vermutung, Recha und der Tempelherr seien verwandt

IV, 6: In seinem Hause betrachtet Nathan gemeinsam mit Daja die Waren und Kostbarkeiten. In einem ausgesprochen schönen Silberstoff, den Nathan ihr als Beschwichtigungs- und Bestechungsversuch zugedacht hat, sieht sie bereits das perfekte Brautkleid für Recha. In ihrer verengten Sichtweise beurteilt sie die Verbindung Rechas mit dem christlichen Tempelherrn als Möglichkeit der Wiedergutmachung für Nathans „Sünde" (V. 2888), das Mädchen aufgenommen und erzogen zu haben. Nathan reagiert gereizt auf „die alte Leier" (V. 2895), bittet um etwas mehr Geduld und deutet an, dass seine Neugier auf die Herkunft des Tempelherrn etwas mit seinem abwartenden Verhalten auf dessen Brautwerbung um Recha zu tun habe. Bevor er sich allerdings seiner Sache nicht sicher ist, will er darüber Stillschweigen bewahren und zugleich seinen Status als Vater des Mädchens behalten.

Dajas Drängen auf eine Hochzeit zwischen Recha und dem Tempelherrn ...

... und Nathans Vorbehalte

IV, 7: Der Klosterbruder Bonafides sucht auf Geheiß des Patriarchen Nathan in dessen Haus auf. Bevor es jedoch zu einem Gespräch kommt, offenbart Nathan in einem kurzen Monolog seine Vatergefühle und die damit verbundene Verlustangst. Er hofft inständig, dass Recha ihn weiterhin

Nathans Verlustangst und seine Vatergefühle

als Vater anerkennt, obwohl er sich wahrscheinlich in Zukunft nicht mehr rechtmäßig so nennen darf.

Aufdeckung der Vorgeschichte: Der Klosterbruder überbringt Nathan einen weiblichen Säugling, ...

Der Klosterbruder begegnet Nathan ungewöhnlich vertraut und macht Andeutungen darüber, dass sie sich bereits zu einem früheren Zeitpunkt begegnet seien. Er habe Nathan damals ein „Pfand" (V. 2933) in die Hand gegeben. Statt dies näher zu erklären, erzählt er Nathan zunächst von seinem Widerwillen gegenüber dem Patriarchen sowie von seiner Vorgeschichte als Einsiedlermönch bei Jericho. Nathan kann seine wachsende Ungeduld kaum verhehlen und reagiert betroffen, als ihm klar wird, dass Bonafides im Auftrag des Patriarchen nach einem Juden sucht, der ein „Christenkind als seine Tochter sich/Erzöge" (V. 2957 f.). Sofort distanziert sich der Klosterbruder jedoch von der Wertung des Patriarchen, es handele sich bei diesem Vorgang um eine Sünde. Schließlich habe er erst die Annahme ermöglicht, indem er – damals noch als Reitknecht im Dienst eines Mannes namens Wolf von Filnek –

... die Tochter von Wolf von Filnek

Nathan den Säugling übergeben habe. Das Kind habe nicht in der Obhut der Eltern bleiben können. So habe sein damaliger Herr ihn beauftragt, es Nathan zu bringen. Dieser erinnert sich und ist seinem verschollenen Freund noch immer in Dankbarkeit verbunden.

Die gemeinsame Haltung der Gesprächspartner – Überordnung humaner Werte vor der Religionszugehörigkeit

Anders als der Patriarch betrachtet der Klosterbruder das Aufwachsen Rechas in Nathans Obhut mit Wohlwollen. In der Erziehung komme es nicht auf die Religionszugehörigkeit an, sondern auf Liebe. Zudem fuße das Christentum auf dem Judentum und Jesus selbst sei Jude gewesen. Mit diesem Bekenntnis bildet der Klosterbruder einen Kontrast zu den übrigen, eher negativen Vertretern christlichen Glaubens im Drama. Anders als diese beweist er wie Nathan sowohl seine reflektierte Kenntnis über die Geschichtsgebundenheit der Religionen als auch eine wohltuende Überordnung menschlicher Werte über religiös verengten Dogmatismus.

Heinz Kloss als Nathan in einer Inszenierung von Patricia Benecke am Staatstheater Darmstadt

Nathan ist gleichermaßen erleichtert und tief berührt und bittet den Klosterbruder um seine Fürsprache für den Fall, dass er wegen seiner Tat zur Rechenschaft gezogen werden sollte. Sein Vertrauen zu ihm in seiner „frommen Einfalt" (V. 3032) ist so groß, dass er ihm nun als einzigem Menschen die näheren Umstände seiner Tat preisgeben will. Er erzählt dem Klosterbruder seine Vorgeschichte. Auf der Flucht vor religiös eifernden Christen habe er seine Frau und seine sieben Söhne bei seinem Bruder versteckt und wähnte sie dort in Sicherheit. Diese Vorsichtsmaßnahme habe jedoch nicht verhindern können, dass sie einem christlichen Angriff gegen die Juden zum Opfer gefallen und in den Flammen gestorben seien. Der Verlust seiner Familie durch das Feuer erklärt im Nachhinein seine zutiefst verängstige Reaktion auf die Nachricht Dajas, Recha sei fast in den Flammen seines Hauses gestorben, sowie seine Verlustängste. Als der einzige Überlebende, so berichtet er weiter, habe er damals eine dreitägige Phase tiefster Depression durchgemacht. Im „Staub vor Gott" (V. 3047) habe er gelegen und mit seinem Schicksal gehadert. Neben seinen Glaubens-

Nathans Vorgeschichte – Verlust seiner Familie durch christliche Fanatiker

zweifeln gibt er seine Hass- und Rachegedanken gegen die Christen dem Klosterbruder gegenüber offen zu. Mit dieser Schilderung seiner Vergangenheit erinnert Nathan an die biblische Figur des Hiob, dessen Schicksal einer umfassenden Verlusterfahrung und einer darauf folgenden Krise des Gottesglaubens er teilt. Einzig die Vernunft habe ihn vor der endgültigen seelischen Zerrüttung bewahrt und sein Vertrauen auf Gottes Existenz wieder aufbauen geholfen.

Nathans persönliches Glaubensbekenntnis

Im Lichte dieser lebensgeschichtlichen Erfahrung formuliert Nathan seinen persönlichen Glauben, der durch sein Hören auf die Stimme der Vernunft gereift sei. Sie erst habe ihm bewusst gemacht, was er „längst begriffen" (V. 3055) habe, nämlich dass es trotz des Bösen in der Welt einen Gott gebe, der die Geschicke der Menschen zu deren Besten lenke. Deshalb dürfe der Mensch nicht im Staube liegen bleiben und sich im Hass verzehren, sondern müsse mit Gottes Hilfe wieder aufstehen. Nathans Ausruf an Gott – „ich will!/Willst du nur, dass ich will!" (V. 3058 f.) – veranschaulicht sein Verständnis von einem gottergebenen Leben: Nur im Einklang mit dem göttlichen Willen findet das menschliche Wollen Richtung und Ziel. Nur wo im menschlichen Handeln das Göttliche sichtbar wird, wird der Mensch zu einem vernünftigen, humanen und nach Vervollkommnung strebenden Leben befähigt.

Nach dieser tiefen Krise seiner Existenz habe er seinen Willen zum guten Handeln sogleich in die Tat umsetzen können, als ihm der damalige Reitknecht das Kind überbracht habe, das er sogleich in sein Herz geschlossen habe. Die seelische Größe, die es Nathan ermöglicht hat, Hass- und Rachegefühle zugunsten der Menschenliebe zu überwinden, nötigt dem Klosterbruder so hohen Respekt ab, dass er Nathan sogleich als „Christ" (V. 3067) bezeichnet. Nathan erkennt und erwidert das Lob und bezeichnet seinerseits sein Gegenüber als „Juden" (V. 3070). Die beiden Bezeichnungen Jude und Christ sind dabei in beiden Fällen

Humanes Handeln als Kriterium für religiöse Identität

positiv wertend gemeint. Entscheidend für eine wahre Religionszugehörigkeit ist demnach nicht, ob man formal dazu gehört, sondern ob man im Sinne ethischer Maßstäbe handelt. Im Kern veranschaulicht ihr Gespräch Lessings eigene Haltung zu den Religionen: Es kommt nicht darauf an, welcher Religion jemand angehört, sondern vielmehr, wie er das humanisierende Potenzial der Religion in seinem persönlichen Leben und Handeln verwirklicht. Nathan dem Weisen kommt im Drama hierbei eine Schlüsselfunktion zu. Sein menschenfreundliches Handeln auch an den Andersgläubigen, die ihm großes Leid zugefügt haben, widerlegt die Zwangsläufigkeit einer interreligiösen Gewaltspirale und eröffnet zudem die Möglichkeit des Friedens und der Verständigung.

Heranahende Auflösung der Verwicklungen und Geheimnisse durch die Ankündigung eines Familienstammbaums

Am Ende des Gesprächs erkennt Nathan die Notwendigkeit, Recha aus Gründen der Vorsicht und des Schutzes ihrer biologischen Familie zuzuführen. So bittet er den Klosterbruder um Auskunft, wie er ihre Angehörigen finden könne. Diesem zufolge existiere ein Buch, in welches der Vater Rechas Notizen zum Stammbaum seiner Familie geschrieben habe. Dass dieses auf Arabisch geschrieben ist, ist ein Indiz für die Annahme, dass der Vater Rechas Muslim gewesen ist. Der Auftritt endet mit Nathans Frage, wer ihn beim Patriarchen angeschwärzt haben könnte, und der Verdächtigung Dajas.

Nathans Sorge um Recha …

IV, 8: Nathan trifft in seinem Haus nur Daja an und vermutet sogleich, der Patriarch habe Recha holen lassen. Erstaunt vernimmt er nun, dass sie von Sittah in den Palast beordert wurde.

… und Dajas Sorge um ihren Plan

Daja indes fürchtet um ihren Plan einer Heirat Rechas mit dem Tempelherrn für den Fall, dass auch ein Muslim an Nathans vermeintlicher Tochter Gefallen finden könnte. Deshalb beschließt sie, auch Recha selbst das Geheimnis ihrer Herkunft zu verraten.

Die dramatische Funktion des vierten Aufzugs

Der vierte Aufzug stellt insofern eine Retardation (Verzögerung) der Handlung dar, als der Frieden, der zuvor schon in greifbare Nähe gerückt war, durch das Eingreifen des Patriarchen auf empfindliche Weise wieder infrage gestellt wird. Der drohende Konflikt ist dabei dem Verhalten des Tempelherrn geschuldet, dessen Suche nach seiner Identität und dessen Erziehungsprozess zum Humanen noch nicht abgeschlossen sind. Im Gegenteil ermöglicht sein Rückfall in alte, intolerante Denkmuster erst die nun wieder mögliche Wendung der Handlung zum Tragischen. Des Weiteren wird die Hauptfigur Nathan durch den Rückblick auf die Vergangenheit in ihrer ganzen Komplexität gezeigt. Nathans Weisheit wird damit noch um einen entscheidenden Aspekt erweitert, weil deutlich wird, dass sie durch einen Prozess der Selbsterziehung nach einer furchtbaren Lebenserfahrung errungen wurde. Ob die Handlung glücklich oder tragisch enden wird, ist wieder offen.

Der fünfte Aufzug – Die Lösung (Zusammenführung der Menschheitsfamilie)

V, 1–2: Im Palast Saladins – Eintreffen des Geldes aus Ägypten

Eintreffen der versprochenen Gelder im Palast

V, 1: Im Palast trifft eine Karawane mit Geldern aus Ägypten ein. Begleitet wird sie von Mamelucken[1]. Einer von ihnen erwartet von Saladin eine Belohnung und reagiert trotzig, als der als großzügig bekannte Sultan sie ihm nicht sofort freiwillig offeriert. Saladin lenkt ein und bestätigt,

[1] Mamelucken: Bezeichnung der Söldner islamischer Herrscher. Die Leibgarde Saladins bestand aus diesen Soldaten, die schon im Kindes- oder Jugendalter als Sklaven gekauft und anschließend für ihren Dienst geschult wurden.

dass die Sorglosigkeit in Bezug auf finanzielle Angelegenheiten untrennbar zu seinem Wesen gehöre.

Als ein zweiter Mameluck ihm vom Sturz eines Kameraden berichtet und die Absicht kundtut, Saladins Geldzuwendung mit ihm zu teilen, fühlt sich Saladin insgeheim bestätigt: Die guten Eigenschaften der Mamelucken seien seinem eigenen Vorbild zu verdanken.

Saladins Selbstbestätigung

V, 2: Der Sultan beschließt im Gespräch mit dem Führer der Karawane, einen Großteil der Summe an seinen Vater in den Libanon zu schicken. Dort sei die Lage brisant, weil die Tempelherren ihren Widerstand trotz des vereinbarten Waffenstillstands neu zu formieren begännen.

V, 3–5: Unter Palmen vor Nathans Haus – Die Identitätssuche des Tempelherrn, seine Zerknirschung und sein erneutes Drängen um die Hand Rechas

Die Erkenntnis des Tempelherrn und sein Versuch einer Neuorientierung

V, 3: Unschlüssig geht der Tempelherr vor Nathans Haus auf und ab. In einem langen Monolog gesteht er sich einige seiner Fehler ein. Beim Nachdenken über das, was ihn gegen Nathan aufgebracht hat, findet er an dessen Verhalten letztlich keinen Fehl. In einem Anflug von Selbsterkenntnis muss er sich darum eingestehen, dass seine Ressentiments jeder sachlichen Grundlage entbehren und wohl eher auf dem Boden religiöser Vorurteile gediehen sind. Seine rhetorische Frage „Wer kennt sich recht?“ (V. 3239) bringt das ganze Ausmaß seiner Selbstentfremdung zum Ausdruck.

Nathans Tat – die Annahme und Erziehung Rechas – verurteilt er nun nicht mehr, sondern zollt ihr im Gegenteil Anerkennung. Dabei erkennt er einen Unterschied zwischen einer bloß biologischen und einer geistigen Vaterschaft an. Nur das, was „ihr so ein Jude geben könnte“ (V. 3254), mache sie

Anerkennung von Nathans wahrer, geistiger Vaterschaft

so attraktiv für ihn. Dabei wird jedoch deutlich, dass sein Denken über das geliebte Mädchen starr in den Kategorien von Besitz und Eigentum verhaftet ist. Dadurch ist er offenbar nicht fähig, in Recha einen selbstständig denkenden und urteilenden Menschen zu sehen, sondern will sie in erster Linie für sich beanspruchen. In einem Gedankenexperiment, in dem er sich Recha als „Christendirne" (V. 3252) ohne den erzieherischen Einfluss Nathans vorstellt, wird abermals deutlich, wie eng sein Denken durch Vorurteile – in diesem Fall geschlechtsspezifischer Art – begrenzt ist. Gedanklich wertet er eine christliche Recha radikal ab und unterstellt ihr, ihren Liebreiz „an Schmeichler und an Buhler" (V. 3262) zu verschwenden. Sein radikaler Gefühlsumschwung offenbart eine gewisse Affekthaftigkeit und Ungerechtigkeit seines Denkens und Urteilens, die ihn zu einer labilen Figur machen.

Reue und Selbstanklage des Tempelherrn

Zerknirscht muss der Tempelherr schließlich einsehen, dass er „den Spott verdien[e]" (V. 3268), mit dem ihn Saladin entlassen habe. Sein Monolog endet mit Gefühlen der Reue und der Selbstanklage, die noch verstärkt werden, als er Nathan mit dem Klosterbruder und vermeintlichen Untergebenen des Patriarchen entdeckt.

Abschied und Warnung

V, 4: Herzlich verabschieden sich der Klosterbruder und Nathan voneinander und versichern sich gegenseitig ihre Dankbarkeit. Hinter der respekt- und verständnisvollen Begegnung zwischen Vertretern verschiedener Religionen wird jedoch auch die akute Bedrohung Nathans offensichtlich. Deshalb warnt der Klosterbruder Nathan ausdrücklich vor seinen eigenen Glaubensgenossen, insbesondere vor dem Tempelherrn. Nathan seinerseits möchte ungern glauben, dass ihn dieser beim Patriarchen angeschwärzt hat. Aufgrund seiner Lebenserfahrung jedoch weiß er, dass auch im Kern gute Menschen zu schlechten Taten fähig sind.

Das Gebetbuch als Schlüssel für die Lösung des „Knotens"

In Bezug auf sein eigenes Los jedoch ist er hoffnungsvoll, da er in dem Gebetbuch von Rechas leiblichem Vater offenbar eine ersehnte Information gefunden hat, die ihn entlastet und befreit. In einer Art Stoßgebet dankt er Gott für die Lösung des Knotens, was auf ein versöhnliches Ende des Dramas hindeutet.

V, 5: Der Tempelherr fängt Nathan auf dem Weg zum Sultan ab. Reumütig bekennt er sich dazu, ihn beim Patriarchen angeklagt zu haben, und versucht, sich zu rechtfertigen. Weil er sich dabei jedoch in Unterstellungen versteigt und zudem offen äußert, er habe Nathan das Messer an die Kehle setzen wollen, kann er nicht recht überzeugen. Selbstkritisch erkennt er allerdings, dass seine Leidenschaftlichkeit ihn „immer nur an beiden Enden" (V. 3402) schwärmen ließe. Hiermit bestätigt er das, was Nathan längst als die Gefahr jeglicher Schwärmerei erkannt hat: Sie kann zu einer extremistischen und dadurch letztlich inhumanen Haltung verführen.

Das Schuldeingeständnis des Tempelherrn

Nur das Fehlverhalten des Patriarchen habe ihn in letzter Sekunde zur Besinnung und wieder zu sich selbst gebracht. Seine Einsicht wird jedoch sofort von einem neuerlichen Anflug von unüberlegter Impulsivität überlagert. So drängt er Nathan dazu, ihm Recha schnellstmöglich zur Frau zu geben, um der drohenden Gefahr zu entgehen. Ohne zu bedenken, dass er diese überhaupt erst heraufbeschworen hat, spielt er sich sogleich als Retter auf und fragt nicht einmal nach der Meinung Rechas zu seinem Plan. Sanft korrigiert Nathan diese Selbstüberschätzung mit dem Hinweis, dass er „nicht geleugnet [habe], dass sie eine Christin/Und nichts als meine Pflegetochter" sei (V. 3436f.). Zudem komme der Rettungsversuch auch zu spät, da sich rechtmäßige Verwandte Rechas gefunden hätten, in deren Obhut er sie geben wolle. Vor allem sei ein Bruder aufgetaucht, den der Tempelherr nunmehr bei seinen Heiratsabsichten um Zustimmung bitten müsse.

Die fordernde Haltung des Tempelherrn und Nathans reservierte Reaktion

Antichristliche Polemik des Tempelherrn und sein voreiliger Entschluss, zum Islam überzutreten

Die Aussicht, Recha in der Obhut von Christen zu wissen, scheint den Tempelherrn zu entsetzen. Offenbar hat er sich innerlich schon von seinem eigenen Christentum abgewendet, gegen das er nunmehr mit gleicher Radikalität polemisiert wie vormals gegen das Judentum. So bezeichnet er in biologischer Metaphorik das christliche Umfeld als „Unkraut" (V. 3476), unter dessen Einfluss Recha nur schwerlich das bewahren könne, was sie von Nathan gelernt habe. In seiner Erregung will er zugleich zu ihr eilen und sie bitten, ihm als seine Frau in eine ungewisse Zukunft zu folgen, die er nicht länger als Christ, sondern als Muslim verbringen will, weil er spürt, dass er im Islam beheimatet ist. Nathan eröffnet ihm, dass er sie nicht finden könne, weil sie bereits im Palast sei. Beide machen sich gemeinsam auf den Weg dorthin.

V, 6–8: Im Palast des Sultans – Rechas Sehnsucht nach ihrem geistigen Vater Nathan und ihre biologische Herkunft als Tochter Assads und Schwester des Tempelherrn, Zusammenführung der Menschheitsfamilie.

V, 6: Recha ist im Palast angekommen und begegnet einer neugierigen Sittah, die sich ihr gegenüber gleich sehr vertraulich gibt. Ihr Gespräch kreist nach kurzer Zeit um das Thema Erziehung. Im Gegensatz zu Sittahs Vermutung, Recha sei eine Gelehrte, die viele Bücher gelesen habe, bekennt diese sich dazu, des Lesens kaum mächtig zu sein. Was sie wisse und könne, habe sie allein aus Nathans Mund vernommen. Recha berichtet von seiner Erziehungspraxis, die sich von kalter „Buchgelehrsamkeit" (V. 3534) unterscheidet, indem Wissen situationsbedingt durch kommunikative Prozesse vermittelt wird.

Rechas Lob: Nathan als weiser Erzieher

Bald erfährt Sittah, dass hinter dem Lob Rechas auf ihren Vater die tiefe Angst steckt, ihn zu verlieren. Von Trauer überwältigt, berichtet sie Sittah davon, dass Daja ihr die

Rechas Angst davor, Nathan als Vater zu verlieren

Wahrheit über ihre Herkunft eröffnet habe. Die Art und Weise, wie diese dabei vorgegangen ist, zeigt einerseits ihre mangelnde Sensibilität gegenüber Recha, andererseits wiederum ihr Religionsverständnis. So habe sie für die Offenbarung des Geheimnisses einen symbolträchtigen Ort gewählt und sei mit ihr deshalb zu einem morschen Marienaltar in einem verfallenen Christentempel gegangen, so, als wolle sie damit auf eine tief verborgene und gleichsam verschüttete christliche Identität aufmerksam machen. Zudem verrät sie mit ihrer Rede von einem „Anspruch" (V. 3633), den die Kirche auf Recha habe, dass ihr Verständnis von Religion eng an die Institution gebunden ist. Sie akzeptiert nicht nur den Exklusivitätsanspruch ihrer Kirche auf die alleinseligmachende Wahrheit, sondern fühlt sich zudem auch noch „gedrungen […], einen jeden,/Der dieses Wegs verfehlt, darauf zu lenken" (V. 3591 f.). Ihr religiöser Eifer geht so weit, dass sie diesem die Wünsche und Interessen ihrer Mitmenschen unterordnet. So scheint sie nicht einmal zu merken, wie sehr sie dem ihr anvertrauten Kind mit ihrem Fanatismus geschadet hat. Dadurch, dass sie Recha einerseits eine gute Pflegerin war, andererseits jedoch offenbar beständig versucht hat, sie in religiöser Hinsicht zu indoktrinieren, zwingt sie das Kind in die paradoxe Situation, sie gleichzeitig „zu lieben und zu hassen" (V. 3598). Mit der unsensiblen Mitteilung, der von Recha geliebte und verehrte Nathan sei nicht ihr leiblicher Vater, überschreitet sie nun endgültig Rechas Fassungsvermögen und durchbricht ihren mühsam aufgebauten Selbstschutz.

Recha und Sittah als gegensätzliche Frauentypen

Sittahs Reaktion auf Rechas Gefühlsausbruch zeigt, wie sehr sich die beiden Frauentypen unterscheiden. So ruft die Erschütterung der Jüngeren bei Sittah keine Anzeichen von Mitleid oder Bestürzung hervor. Indem sie lediglich „[k]alte, ruhige Vernunft" (V. 3564) an den Tag legt, zwingt sie Recha, sich wieder zu fassen, und verhält sich zudem konform zu ihrer machtvollen Rolle im Palast.

Ablehnung eines rein biologischen Verständnisses von Vaterschaft

V, 7: Saladin findet Recha in einem Zustand tiefer Verzweiflung bei seiner Schwester vor. Um sie zu beruhigen und zu trösten, stimmt er ihr darin zu, dass sie Vaterschaft nicht allein als eine Sache des Blutes verstehen möchte. Er geht sogar so weit, sich selbst als Vater anzubieten. Großmütig und ein wenig schelmisch deutet er an, dass sie doch statt eines Vaters viel eher noch eines Ehemannes bedürfe. Ein passender Kandidat sei auch schon – gemeinsam mit Nathan – auf dem Wege.

Rechas Bekenntnis zu Nathan als ihrem Vater ...

... und die Eifersucht des Tempelherrn

V, 8: Nathan und der Tempelherr treffen im Palast ein. Saladin verspricht Nathan sogleich die Rückgabe seines Geldes, was diesen jedoch kaum zu interessieren scheint. Viel wichtiger ist ihm Recha, deren Kummer er sogleich erfasst. Als sie sich gegenseitig versichern, einander weiterhin Vater und Tochter sein zu wollen, wird der Tempelherr eifersüchtig. Beleidigt darüber, dass Rechas Verlustangst sich einzig auf ihren Vater, nicht aber auf ihn bezieht, lehnt er die von Saladin angebotene Unterstützung bei seinen Annäherungsversuchen ab. Saladins Beschwichtigungsversuch ist zugleich eine unverhohlene Kritik an dem Besitzdenken und an der ungestümen Impulsivität des Tempelherrn. Nichtsdestotrotz fordert er Recha auf, sich ihm anzutragen, und wird dabei von Sittah unterstützt.

Auflodernder Zorn des Tempelherrn angesichts Rechas Gleichgültigkeit

Bevor Recha reagieren kann, gebietet Nathan dem Geschehen nachdrücklich Einhalt: Bevor in dieser Sache entschieden werden könne, müsse Rechas Bruder zu Wort kommen. Damit entfacht er den Zorn des Tempelherrn erneut so sehr, dass dieser sich zu der verleumderischen Anschuldigung hinreißen lässt, Nathan habe den Bruder ebenso erfunden, wie er sich fälschlicherweise als ihr Vater ausgegeben habe. Angewidert und entsetzt grenzt Saladin ein solches Verhalten von dem seines Bruders Assad ab.

Nur Nathan selbst signalisiert sogleich seine Bereitschaft, ihm zu verzeihen, und konfrontiert ihn mit der Wahrheit über seine Herkunft. Da der Tempelherr von seinem Onkel aufgezogen worden sei, habe er fälschlicherweise geglaubt, er heiße Curd von Stauffen. In Wahrheit aber sei er der Sohn von Nathans Freund Wolf von Filnek, der ihm den Vornamen Leu gegeben habe. Besagter Freund sei zudem auch kein gebürtiger Deutscher gewesen, sondern habe eine deutsche Frau aus dem Geschlecht der Stauffen geheiratet. Somit sei er der Bruder Rechas. Während Recha bereits bei ihrem ersten richtigen Gespräch mit dem Tempelherrn intuitiv einen Wechsel von erotischen zu freundschaftlichen Gefühlen für diesen durchlebt hat und deshalb nun schnell die Wahrheit akzeptiert, braucht der Tempelherr einen Moment der Besinnung. Schließlich jedoch kann auch er sich aufrichtig freuen und umarmt die Schwester, die Nathan ihm mit ihrem „Christennamen“ (V. 3809) Blanda von Filnek vorstellt. Diese Geste deutet der Tempelherr als eine Art Übergabe der Verantwortung für das Mädchen von Nathan in seine eigenen Hände und empfindet dies spontan als falsch. Nathan bezeichnet die Geschwister daraufhin als „meine Kinder“ (V. 3812) und bietet sich dem Tempelherrn als Vater an.

Die Lösung – Recha und der Tempelherr als Geschwisterpaar

Saladin und Sittah betrachten die auf diese Weise neu entstandene nicht biologische, sondern geistige Familie gerührt. Eine Vermutung lässt Saladin jedoch keine Ruhe. Er fragt Nathan nach dem leiblichen Vater der beiden. Er erfährt, dass es sich bei diesem um seinen Bruder Assad handelt und somit Blanda und Leu seine Nichte und sein Neffe sind. Freiwillig bekennt er sich zu ihnen und empfindet sich sogleich als ihr Vater. Damit erweisen sich die zuvor so unterschiedlich als Christen, Juden und Muslime vorgestellten Personen als Teile einer Familie, die sich nun glücklich gefunden hat. Alle sozialen oder religiösen Unterschiede werden hierdurch bedeutungslos. Die Regieanweisung sieht

Das Schlusstableau – Zusammenführung von Christen, Juden und Muslimen zu einer großen Menschheitsfamilie

vor, dass sich die Personen allseitig stumm umarmen und dadurch die gelungene Zusammenführung einer großen Menschheitsfamilie signalisieren. Der Begriff von Familie ist somit mehrdimensional und bezeichnet neben der biologischen Einheit auch eine Gemeinschaft im Geist, die durch Nathan gestiftet wird. Lessing entwirft hiermit gleichnishaft die Idee eines Miteinanders von Juden, Christen und Muslimen, das von familiärer Verflochtenheit, gegenseitiger Verwiesenheit und solidarischem Miteinander geprägt ist.
Der letzte Satz Saladins jedoch verweist zugleich auf die Zerbrechlichkeit einer solchen hoffnungsvollen und glücklichen Vision vom menschlichen Zusammenleben. Mit den an den Tempelherrn gerichteten Worten, dieser „konnte mich/Zu seinem Mörder machen wollen" (V. 3849), spielt er auf den Glaubenskrieg zwischen Christen und Muslimen an, dessen zwangsläufiger Verlauf eine Begnadigung des Gegners nicht vorsieht. Nur dem glücklichen Zufall und der außergewöhnlichen Güte und Toleranz der Personen des Dramas ist es zu verdanken, dass ein tragisches Ende abgewendet werden kann.

Die dramatische Funktion des fünften Aufzugs

Der fünfte und letzte Aufzug beinhaltet die Lösung der dramatischen Konflikte und Spannungen, die zuvor aufgebaut wurden. Letzte Unklarheiten, etwa bezüglich der wahren Identität des Tempelherren und Rechas, werden beseitigt, indem ihr Verwandtschaftsverhältnis aufgeklärt wird. Die auf der Bühne verbleibenden Figuren werden als Teile einer großen Menschheitsfamilie dargestellt, aus welcher die Negativfiguren ausgeschlossen sind. Dabei kommt der Hauptfigur Nathan eine integrierende, wahrheits- und identitätsstiftende Schlüsselrolle zu, ohne die das gesamte Drama einen anderen Verlauf genommen hätte.

Hintergründe

Lessings Lebensstationen

Kindheit und Jugend

Kamenz und Meißen 1729 – 1746

Kindheit in einem evangelischen Pfarrhaushalt

Gotthold Ephraim Lessing stammt wie viele deutsche Schriftsteller seiner Zeit aus einem evangelischen Pfarrhaushalt. Trotz der angesehenen Position des Vaters – er ist Pastor Primarius an der Hauptkirche St. Marien zu Kamenz – sind die finanziellen Verhältnisse beengt: Die Gemeinde in der Oberlausitz ist arm und die Familie wird ständig größer. Gotthold Ephraim wird am 22. Januar 1729 als ältester lebender Sohn von Johann Gottfried und seiner Frau Justina Salome Lessing, geborene Feller, geboren. Im protestantischen Kamenz ist die Familie bereits eine Generation zuvor ansässig geworden. Sein Großvater Theophilus Lessing, ein studierter Jurist, hat dort als Ratsherr und schließlich als Bürgermeister gewirkt. Mit seiner Schrift „De religionum tolerantia“, in der er sich für die Duldung der Religionen einsetzt, trägt er in seiner Heimat zum Frieden zwischen der protestantischen Mehrheit und der diskriminierten katholischen Minderheit bei. Sein Enkel hat dies sicher wahrgenommen.

Gotthold Ephraim Lessing (1729 – 1781)

Die Erziehungsgrundsätze im Elternhaus – Glaube und Gelehrsamkeit

Der Vater Johann Gottfried dagegen versteht sich als orthodoxer Prediger in erster Linie als Wahrer von Sittlichkeit und Glauben. Gegen eine neu gegründete Theatergruppe geht er entschieden vor und vertreibt sie dadurch aus der Heimatgemeinde. Die Erziehung seiner Söhne ist geprägt von Bibellektüre, Gebet, gelehrten Gesprächen und der Suche nach Moral. Besonders auf seinen ältesten Sohn setzt er große Hoffnungen: Er soll mit dem Studium der Theologie in seine Fußstapfen treten und die Familie bald finanziell unterstützen. Deshalb bemüht er sich intensiv um die umfassende geistige Ausbildung seines Sohnes, bringt ihm früh das Lesen bei, engagiert dann einen Privatlehrer und bemüht sich schließlich um ein Stipendium der Fürstenschule St. Afra in Meißen für den lernbegierigen und begabten Gotthold Ephraim.

Stationen auf dem Bildungsweg

In der Eliteschule sticht Lessing einerseits durch seine herausragende Begabung, andererseits auch durch Schwierigkeiten, sich widerspruchslos unterzuordnen, hervor. Aufgrund seines hohen Lerntempos verlässt er die Schule bereits mit siebzehn Jahren und wird auf sein eigenes Drängen hin vorzeitig Student der Theologie an der Leipziger Universität.

Studium

Leipzig 1746–1748

Im entfernten Leipzig löst er sich vom engen orthodoxen Protestantismus seiner Jugend. Lessing studiert Theologie und Philologie, interessiert sich aber auch für Poetik, Logik, Metaphysik und Mathematik. Er wendet sich zunehmend nicht nur neuen wissenschaftlichen Disziplinen, sondern verstärkt auch dem geselligen Leben zu. Für ihn bedeutet diese Entwicklung eine Lebenswende, die im Elternhaus nicht gern gesehen wird.

Intellektuelle und persönliche Interessen in der Studienzeit

Die Lust am Theater wird ihn nicht mehr loslassen und er versucht sich an dem Verfassen eigener Schauspiele. Zum Entsetzen des Vaters kommt in dieser Zeit eine Freundschaft zu einem Mann von zweifelhaftem Ruf hinzu: Christlob Mylius, ein Vetter, ist Naturforscher und Journalist. Er verfasst Rezensionen, Gedichte oder halbwissenschaftliche Beiträge für verschiedene Zeitschriften und Theaterstücke

Das Theater der „Neuberin“

für die Schauspieltruppe der Friederike Caroline Neuber. Er eröffnet Lessing einen ersten Zugang zum Journalismus. Lessings erstes Theaterstück, ein Lustspiel mit dem Titel „Der junge Gelehrte", wird von der Schauspieltruppe der „Neuberin" 1748 uraufgeführt. Der streng orthodoxe Vater will diesem Treiben des Sohnes ein Ende bereiten und holt ihn unter dem Vorwand, seine Mutter liege im Sterben, zurück nach Kamenz. Lessing bleibt eine Zeit bei den Eltern und kehrt dann nach Leipzig zurück. Sein Studium beendet er nicht, sondern verlässt Leipzig fluchtartig: Da er für das Theater der mittlerweile weitergezogenen „Neuberin" gebürgt hat, versucht er, seinen Gläubigern aus dem Weg zu gehen, und folgt Mylius nach Berlin.

„Der junge Gelehrte"

Abbruch des Studiums und Weggang aus Leipzig

Existenz als freier Schriftsteller

In Berlin beginnt er die von Mylius vermittelte Arbeit als Journalist, Schriftsteller und Theaterautor. Für seine kritischen Rezensionen und Schmähschriften wird er gleichermaßen geachtet und gefürchtet. Literarisch entwickelt er sich weiter, indem er die Theaterstücke „Die Juden" und „Der Freigeist" schreibt und sich an verschiedenen lyrischen Gattungen versucht.

Berlin 1748–1755

„Die Juden", „Der Freigeist"

Lessing verlässt Berlin 1751 für knapp ein Jahr, um sein Studium in Wittenberg fortzusetzen, immatrikuliert sich in der Medizinischen Fakultät und erlangt 1752 den Magistertitel. Die gut bestückte Universitätsbibliothek nutzt Lessing ausgiebig und verfasst neben dem Studium literarische Arbeiten, Übersetzungen und theologische Schriften. Es entsteht wahrscheinlich eine frühe Fassung des Fragments „Das Christentum der Vernunft", in welchem Lessing versucht, christliche Lehren mithilfe rationaler Begriffe darzustellen. Die Verbindung von Glaube und Vernunft ist und bleibt ihm ein zentrales Anliegen. Im Jahr 1752 kehrt Lessing nach Berlin zurück und arbeitet als Herausgeber einer Beilage der „Vossischen Zeitung". Er schreibt weiter Ge-

Medizinstudium, Schriftstellerei und Journalismus

dichte, Briefe, Jugendlustspiele und sogenannte Rettungen, die man auch als Ausgrabungs- und Rehabilitierungsversuche früherer geistiger Größen bezeichnen kann. Schnell wird sein Name in der Welt der Gelehrten bekannt und es kommt zu verschiedenen Begegnungen mit den geistigen Größen seiner Zeit.

Freundschaft mit dem Juden Moses Mendelssohn

Eine wichtige und lebenslange Freundschaft verbindet Lessing seit der Zeit in Berlin mit dem jüdischen Philosophen Moses Mendelssohn. Beide teilen ihre geistigen Interessen zu Fragen der Theologie, der Ästhetik, der Naturwissenschaft und insbesondere der Philosophie der Aufklärung. Hautnah erlebt Lessing judenfeindliche Angriffe auf Mendelssohn mit. Nachhaltig beeindruckt hat ihn wohl vor allem die Aufforderung des Schriftstellers Johann Kaspar Lavater an den Freund, er möge die philosophische Begründung des Christentums widerlegen oder zum Christentum konvertieren. Dies wird für den jungen Aufklärer, der seine Kritik an der antijüdischen Haltung von breiten Teilen seiner Gesellschaft zuvor bereits in seinem Einakter „Die Juden" literarisch verarbeitet hat, ein Schlüsselerlebnis, welches ihn vermutlich auch bei der Abfassung des Dramas „Nathan der Weise" beschäftigt hat.

„Miss Sara Sampson" – Ein bürgerliches Trauerspiel

1755 wird sein bürgerliches Trauerspiel „Miss Sara Sampson" in Frankfurt uraufgeführt. Bewusst bricht er mit den traditionellen Regeln, die der Dramaturg und Literaturtheoretiker Johann Christoph Gottsched (1700–1766) für das Theater aufgestellt hat, weil sie ihm zu starr und dogmatisch erscheinen. Er wählt anstatt einer Adligen eine Bürgerliche für die Hauptrolle einer Tragödie und hält sich nicht an die Einheit des Ortes, der Zeit und der Handlung. Den Zuschauern geht das dargestellte tragische Schicksal der Heldin so nah, dass sie reihenweise in Tränen ausbrechen. Damit hat Lessing das Ziel, das er mit seinem Drama verfolgt hat, erreicht und dem deutschen Theater wichtige neue Impulse gegeben.

Im Oktober desselben Jahres verlässt er Berlin und kehrt – plötzlich und überraschend – nach Leipzig zurück. Eine innere Unruhe treibt ihn noch oft in seinem Leben dazu, die gewohnte Umgebung und die Freunde ohne jede Ankündigung zu verlassen und zu neuen Ufern aufzubrechen. Eine geplante Bildungsreise, die er als Begleiter des reichen Kaufmanns Johann Gottfried Winkler antreten soll, muss jedoch aufgrund der unsicheren politischen Lage abgebrochen werden.

Leipzig 1755–1758

Abgebrochene Bildungsreise

Enttäuscht kehrt Lessing nach Berlin zurück und nimmt seine Arbeit wieder auf. Zusammen mit seinen Freunden Mendelssohn und Nicolai gibt er die sogenannten „Briefe, die neueste Literatur betreffend" heraus, in welchen er überwiegend polemische Rezensionen etwa gegen Gottsched und Klopstock veröffentlicht. Die intellektuelle Auseinandersetzung mit geistigen Größen kommt seiner Lust am Widerspruch, an der Ironie und am Spott entgegen. Weiterhin setzt er sich in dieser Zeit mit der literarischen Form der Fabel auseinander.

Berlin 1758–1760

„Briefe, die neueste Literatur betreffend"

Annäherung an die Fabel

1760 verlässt Lessing Berlin und geht nach Breslau. Dort arbeitet er als Gouvernementssekretär des preußischen Generals und Kommandanten Friedrich Bogislav von Tauentzien. Dies bedeutet für ihn, in einem militärischen Milieu die Korrespondenz zu führen und Verwaltungsaufgaben zu erledigen – für den rastlosen Literaten keine sehr ansprechenden Aufgaben. Seine finanzielle Lage verschlechtert sich zudem durch seine Spielleidenschaft. In dieser Zeit schreibt er an der Komödie „Minna von Barnhelm" sowie am „Laokoon", einer Betrachtung über ästhetische Fragen.

Breslau 1760–1765

Anstellung als Gouvernementssekretär

„Minna von Barnhelm"
„Laokoon"

Arbeit im und am Theater

1765 kehrt Lessing nach Berlin zurück, wo er beruflich jedoch nicht weiterkommt. Dankbar und neugierig nimmt er darum die ihm offerierte Stelle als Dramaturg am Hamburger „Deutschen Nationaltheater" an. Das neu gegründete

Hamburg 1766–1770

Theater ist ein Experiment: Es sollen deutschsprachige Stücke mit einem lokal gebundenen Ensemble aufgeführt werden. Aus seiner theaterpraktischen Arbeit erwächst die „Hamburgische Dramaturgie", in welcher Lessing seine eigene Theorie des Theaters entwickelt.

„Hamburgische Dramaturgie"

Bekanntschaft mit Reimarus und Goeze

Privat macht Lessing Bekanntschaft mit dem Arzt und Naturforscher Johann Albert Heinrich Reimarus (1694–1768) und dem orthodoxen Lutheraner und Prediger Johann Melchior Goeze (1717–1786). Beide werden später in seinem Leben noch eine wichtige Rolle spielen. Auch bei seinem Freund, dem Kaufmann Engelbert König, ist er häufig zu Gast und lernt dort dessen Ehefrau Eva kennen. Als der Freund im Jahr 1769 auf einer geschäftlichen Reise stirbt, kümmert sich Lessing um die junge Witwe. Es entsteht ein tiefer freundschaftlicher Kontakt. 1771 werden sich die beiden verloben, ohne jedoch sogleich heiraten und zusammenleben zu können. Im beruflichen Leben lässt er sich auf ein finanzielles Risiko ein, als er zusammen mit Johann Christoph Bode eine Druckerei gründet. Das Projekt scheitert. Auch das Hamburger Nationaltheater muss aufgrund mangelnder Zuschauerresonanz aufgegeben werden. Lessing verlässt Hamburg mit einem hohen Schuldenberg.

Freundschaft mit Eva König

Scheitern der neugegründeten Druckerei und des Hamburger Nationaltheaters

Bibliothekschef

Wolfenbüttel 1770–1781

Arbeit als Bibliothekschef

Auf ein Gesuch des Erbprinzen Karl Wilhelm Ferdinand geht er 1770 nach Wolfenbüttel und wird dort Bibliothekschef. Seiner Liebe zu Büchern kommt diese neue Anstellung, die ihm noch dazu ein festes Gehalt einbringt, sehr entgegen. Nebenher arbeitet er auch als Dramatiker weiter und schreibt sein fünfaktiges Trauerspiel „Emilia Galotti", das in Braunschweig 1772 uraufgeführt wird. Anfang Januar 1773 erscheint seine Bibliothekszeitschrift „Zur Geschichte und Litteratur", in welcher er verschiedene philosophische und theologische Beiträge veröffentlicht und zugleich Position gegen Bücherverbrennungen und Zensur bezieht.

„Emilia Galotti"

1775 bricht Lessing von seinem Hauptwohnsitz in Wolfenbüttel noch einmal auf, um nach Leipzig, Berlin, Dresden und Wien zu reisen. Mit Eva König trifft er sich häufig und plant eine gemeinsame Zukunft mit ihr. In Wien bietet ihm Prinz Leopold von Braunschweig an, ihn als Gesellschafter auf eine Bildungsreise nach Italien zu begleiten. Diese Reise ermöglicht ihm eine Auseinandersetzung mit jenen Zeugnissen aus der Antike und der Renaissance, mit welchen er sich zuvor theoretisch intensiv beschäftigt hat.

Bildungsreise nach Italien

Nach seiner Rückkehr 1776 heiratet er Eva König. Ihrer Ehe ist nur ein kurzes Glück vergönnt. Der gemeinsame Sohn Traugott stirbt nach nur einem Lebenstag am ersten Weihnachtstag 1777. Die Mutter bekommt Kindbettfieber und stirbt im Januar 1778 ebenfalls. Lessing schreibt erschütternde Zeilen an den Freund Theodor Eschenburg: „Meine Freude war nur kurz: Und ich verlor ihn so ungern, diesen Sohn! denn er hatte so viel Verstand! so viel Verstand! […] War es nicht Verstand, dass man ihn mit eisern Zangen auf die Welt ziehen musste? dass er sobald Unrat merkte? – War es nicht Verstand, dass er die erste Gelegenheit ergriff, sich wieder davon zu machen? – Freilich zerrt mir der kleine Ruschelkopf auch die Mutter mit fort! – Denn noch ist wenig Hoffnung, dass ich sie behalten werde. – Ich wollte es auch einmal so gut haben wie andere Menschen. Aber es ist mir schlecht bekommen."[1]

Verlust der Ehefrau und des gemeinsamen Sohnes

Eva König (1736 – 1778)

Lessing bleibt in dem kurz vor der persönlichen Tragödie bezogenen gemeinsamen Haus wohnen, wo er unter Einsamkeit und Krankheiten leidet. Dennoch arbeitet er beständig weiter und verfasst bedeutende literarische und philoso-

Das Spätwerk

[1] Zit. in: Zur Geschichte einer problematischen Kategorie. Hrsg. v. Cornelia Zumbusch. Berlin 2010, S. 107f.

Der „Fragmentenstreit" – Auseinandersetzung mit Goeze

phische Schriften. Er gibt nach und nach das Vermächtnis seines einstigen, mittlerweile verstorbenen Freundes aus Hamburg, Reimarus, heraus. Dessen Tochter, Elise Reimarus, hat Lessing fragmentarische Aufzeichnungen ihres Vaters überlassen. Es handelt sich um theologiekritische Abhandlungen – Reimarus übt Kritik an der Bibel und an kirchlichen Dogmen. Er glaubt an eine natürliche Religion, die fernab biblisch bezeugter Wunder und Offenbarungen existiert. Lessing nennt den Urheber der Schriften nicht, sondern nennt sie „Fragmente eines Ungenannten" und löst mit der Veröffentlichung einen Sturm der Entrüstung unter den Theologen seiner Zeit aus. Der Hauptvertreter der Lessing-Kritik ist der ihm schon aus Hamburg bekannte lutherisch orthodoxe Prediger Johann Melchior Goeze. Dieser argumentiert, dass ein Angriff auf die Religion gleichzusetzen sei mit einem politischen Aufruhr. Er verunglimpft Lessing deshalb als Störenfried öffentlicher Ordnung. Lessing antwortet mit Schriften, die er „Anti-Goeze" nennt. Er facht dadurch eine Kontroverse von theologischer und politischer Brisanz an, die später als „Fragmentenstreit" bezeichnet wird. Seine berufliche Existenz jedoch leidet unter diesem Streit. Der Herzog Karl ist empört und entzieht ihm die zuvor gewährte Zensurfreiheit.

„Nathan der Weise" – Ein Ideendrama mit autobiografischen Bezügen

Die Angriffe seiner Gegner will Lessing nicht auf sich sitzen lassen. Deshalb antwortet er nicht in Form einer Streitschrift, sondern eines Schauspiels: „Ich muss versuchen, ob man mich auf meiner alten Kanzel, auf dem Theater wenigstens, noch ungestört will predigen lassen."[1] Er schreibt sein dramatisches Gedicht „Nathan der Weise". Da dort Fragen zu Humanität und religiöser Toleranz nicht theoretisch abgehandelt, sondern verkörpert in den Figuren auf die Bühne gebracht werden, bezeichnet man es später auch

[1] Brief Lessings an Elise Reimarus. Zit. in: Erläuterungen und Dokumente. G. E. Lessing. Nathan der Weise. Hrsg. v. Peter von Düffel. Stuttgart 2006, S. 117

als Ideendrama. Dass die Personen zudem sehr authentisch wirken, liegt daran, dass Lessing in ihnen persönliche Erinnerungen verarbeitet. So ist die Figur des Patriarchen auch ein satirischer Seitenhieb auf den Hamburger Hauptpastor Goeze. In der Ausgestaltung der komplexen Nathanfigur lassen sich Bezüge zu seinem Freund Mendelssohn herstellen. Außerdem arbeitet er seinen persönlichen Verlust sowie wesentliche theologische Überzeugungen ein.

Daneben erscheinen die „Gespräche für Freimäurer", die später unter dem Titel „Ernst und Falk" bekannt werden. Es handelt sich um eine Auseinandersetzung mit politischen Fragen. Ein weiteres spätes Werk nennt er „Die Erziehung des Menschengeschlechts".

„Ernst und Falk", „Die Erziehung des Menschengeschlechts"

Lessings Gesundheitszustand verschlechtert sich zunehmend. Er klagt über Konzentrationsschwächen, Schlafsucht und Atemprobleme. Möglicherweise sind verengte Herzgefäße oder ein Schlaganfall die Ursache seiner Beschwerden. Am 15. Februar 1781 stirbt Lessing im Alter von 52 Jahren. In Braunschweig wird er auf dem Magnikirchhof fünf Tage später begraben.

Lessings Tod

Lessings Quellen

In seinem Drama „Nathan der Weise" verarbeitet Lessing verschiedene Quellen, die ihm aus seiner beruflichen Tätigkeit bekannt waren. Interessant ist, wie er sie verändert und ihnen damit einen neuen und auf die Intention des „Nathan" abgestimmten Akzent verleiht.

In Briefen an seine Freunde erwähnt er die Ringparabel aus Giovanni Boccaccios Werk „Decamerone"[1]. Der Autor (1313–1375) war ein italienischer Schriftsteller, Demokrat

Die Ringparabel in Giovanni Boccaccios „Decamerone"

[1] Giovanni Boccaccios „Decamerone" zit. in: Erläuterungen und Dokumente. G. E. Lessing. Nathan der Weise. Hrsg. v. Peter von Düffel. Stuttgart 2006, S. 86ff.

und Dichter und gilt als wichtiger Vertreter des Humanismus. In seinem Werk porträtiert er die Gesellschaft des 14. Jahrhunderts. Ein Erzählstrang handelt davon, wie der reiche Jude Melchisedech vom Sultan Saladin auf die Probe gestellt wird. Er will von ihm wissen, welche der drei Religionen – Judentum, Christentum, Islam – die richtige sei, worauf ihm Melchisedech mit der Parabel von den drei Ringen antwortet.

Lessings Akzentsetzung: a) der Jude als uneingeschränkt vorbildhafte und Saladin als lernfähige Figur

Lessing nimmt einige Veränderungen vor: So ändert er den Namen der Hauptfigur: Melchisedech ist ein biblischer Name mit der Bedeutung „König der Gerechtigkeit". Den Namen „Nathan" entnimmt Lessing nicht etwa der Bibel, wo er auch vorkommt, sondern dem „Decamerone", wo „Nathan" ein freigiebiger Greis ist, der von einem Jüngling bedroht wird. Lessing verändert das Bild des Juden zum Positiven, indem er die negative Eigenschaft Melchisedechs, den Geiz, in sein Gegenteil verkehrt und damit wohl auch auf die antijüdischen Vorurteile seiner Zeit reagiert. Zudem lässt er nicht Saladin, sondern Sittah den Plan gegen Nathan hegen. Der Lernprozess, den der Sultan durchläuft und der mit selbstkritischer Zerknirschung endet, wirkt dadurch glaubwürdiger.

b) positive Eigenschaften des Ringträgers als Voraussetzung für die Wirksamkeit des Rings

Die Macht des Ringes, die bei Boccaccio noch reine Magie zu sein scheint, ist bei Lessing an die Eigenschaften des Trägers geknüpft: Indem er betont, dass die Zuversicht des Ringträgers die Voraussetzung für die Wirkmächtigkeit des Rings sei, rückt er den Menschen und seine Eigenschaften stärker in den Vordergrund und betont die Notwendigkeit zum aktiven, guten Handeln. Außerdem erzählt bei Boccaccio Melchisedech dem Sultan, dass der Vater zwei weitere Ringe anfertigen lässt, die er selbst kaum mehr voneinander unterscheiden kann. Lessing spitzt diese Aussage zu, indem er den Vater die Ringe gar nicht mehr voneinander unterscheiden lässt. Die Frage nach der wahren Religion rückt hierdurch in den Hintergrund, viel wichtiger ist das Verhalten der Ringträger.

Zudem erweitert Lessing das Ende der Parabel, indem er eine Richterfigur einführt, die die theoretische Frage nach der wahren Religion zu einer praktischen Frage nach der tätigen Nächstenliebe verwandelt. Indem er die drei Söhne in ihrer Verfehlung bloßstellt, lässt er die ursprüngliche Frage ebenso unbeantwortet wie Boccaccio, arbeitet aber den erzieherischen Grundton stärker heraus. Zudem kann er Saladin von Nathan indirekt für seine hochmütige und listige Frage kritisieren und ihn zum Besseren erziehen lassen, indem dieser ihn fragt, ob er der nächste Richter sein wolle.

c) Einführung der Richterfigur – Betonung des erzieherischen Grundtons der Parabel

Weitere Quellen, die Lessing verwendet, sind die Darstellungen Saladins von Voltaire (1694–1778), die Lessing aus dem Französischen übersetzt hat, und von Francois Louis Claude Marin (1721–1809). Das Bild, das Voltaire von Saladin in seinem Werk „Geschichte der Kreuzzüge" zeichnet, betont die historische Größe des berühmten „Muselmanns", welche sogar von den Christen bezeugt werden muss. Der Sultan sei „zugleich ein Bezwinger, ein Mensch und ein Philosoph"[1]. Ausführlicher noch schildert Marin die Leistungen Saladins. Er betont dessen Mildtätigkeit, seine Gottergebenheit, seine Furchtlosigkeit und seine persönliche Bescheidenheit. Unterschiedslos habe er Menschen aller Religionen Zutritt vor seinen Richterstuhl gewährt und ihnen Gerechtigkeit widerfahren lassen. Trotz seiner guten Eigenschaften wie Menschenliebe, Religiosität, Gerechtigkeit und Freigiebigkeit seien es die „Religion allein und die Unmenschlichkeit der Christen", die ihn „zuweilen grausam gegen sie"[2] gemacht hätten.

Die positiv bezeugte Figur des Saladin in der französischen Literatur (Voltaire und Marin)

[1] Voltaire: Geschichte der Kreuzzüge. Lessings Übersetzung aus dem Französischen. Zit. in: ebd., S. 98 ff.

[2] Marin, Francois Louis Claude: Geschichte Saladins Sulthans von Egypten und Syrien. Übersetzt von E. G. Küster. Celle 1761, Bd. II, S. 320–324. Zit. in: ebd., S. 93 ff.

Lessings Akzentuierung: Saladin als Mensch mit gutem Kern, der seine Menschlichkeit noch entwickeln muss

Lessing übernimmt in seinem Bild von Saladin viele ihm zugeschriebene Eigenschaften und interpretiert diese mit den Augen eines Aufklärers. Jedoch erweitert er seine Figur um einige Nuancen. Indem er Saladin auch negative Eigenschaften zuweist, wie z. B. einen problematischen Umgang mit Geld, antijüdische Vorurteile und herrschaftlichen Hochmut, kann er ihn als einen Menschen darstellen, welcher trotz eines guten Kerns noch lernen muss, wahrhaft Mensch zu werden. Es gelingt Lessing, den Herrscher als eine psychologisch komplexe Figur zu gestalten, die neben den historischen Vorgaben auch Züge absolutistischer Herrscher seiner Zeit trägt. Damit hält er den Mächtigen seiner Zeit einen kritischen Spiegel vor und appelliert an ihre Lern- und Entwicklungsfähigkeit.

Lessing verfährt mit den historischen Quellen demnach in der Weise, dass er Figuren und Motive übernimmt und für seine Zwecke erweitert, vertieft und aktualisiert.

Lessings Themen

Wirken als Dichter, Denker und Kritiker

Gotthold Ephraim Lessing gilt heute als führender Vertreter der deutschen Aufklärung. Sein dichterisches und philosophisches Wirken stellt er in den Dienst der Suche nach der Wahrheit und der Idee der Toleranz. Als kritischer Rezensent und intellektueller Streiter führt er ironische und polemische Kontroversen und bezieht gleichzeitig Position in ästhetischen, philosophischen und theologischen Fragestellungen.

Religionskritik

Auseinandersetzung mit religionsphilosophischen Strömungen seiner Zeit

So zieht er etwa gegen Vertreter lutherischer Orthodoxie, die sich – wie sein Vater – im Besitz der religiösen Wahrheit wähnen, beherzt zu Felde. Sein aufgeklärtes historisch-kritisches Denken veranlasst ihn, traditionelle Denkweisen infrage zu stellen. Dabei setzt er sich mit religionsphilosophischen Richtungen seiner Zeit – wie etwa den Ideen des

Deismus – auseinander. Mit diesem Begriff, der im 17. Jahrhundert in England entstand, wird eine Glaubensrichtung bezeichnet, wonach es einen Gott gibt, der den Menschen mit Verstand ausgestattet hat und sich dann aus seiner Schöpfung zurückzieht. Gotteserkenntnis ist entsprechend durch den Gebrauch des Verstandes möglich und bedarf keiner geschichtlichen Offenbarung. Auf diese Ideen und auf die Ergebnisse der Bibelkritik bezieht sich Lessings Freund Samuel Reimarus in seinen Aufzeichnungen, die später als „Fragmente eines Ungenannten" bezeichnet und von Lessing herausgegeben werden. Die Veröffentlichung stellt eine Provokation gegen die Orthodoxie und herrschende Lehrmeinung dar. Lessing beabsichtigt, die öffentliche Diskussion anzuregen, weil auch ihm die Vereinbarkeit von Religion und Vernunft ein besonderes Anliegen ist. Nur auf dem Weg der Vernunft könne das Religiöse zur Humanisierung des Menschen beitragen. Positiven Religionen, das heißt geschichtlich vorgegebenen Ausprägungen der Religion, steht er skeptisch gegenüber.

Vereinbarkeit von Religion und Vernunft

In ästhetischen Fragen äußert sich Lessing insbesondere zum Theater, seiner großen Leidenschaft, und formuliert seine Forderungen in der „Hamburgischen Dramaturgie". Die Gattungsgrenzen und Regeln für die höfische Tragödie und die volkstümliche Komödie scheinen ihm zu eng. Darum setzt er der Poetik Gottscheds[1] eigene Konzepte entgegen. Nach Gottsched sollen in Tragödien die Schicksale von Königen, Fürsten und hohen Standespersonen gezeigt werden, weil es Bürgerlichen an der nötigen Größe und Bedeutung für einen tiefen dramatischen Fall fehle. Ernste Tragödien, Opern und Ballette blieben zudem den Höfen vorbehalten, während die volkstümlichen Wandertheater

Der Theaterreformer

Die bürgerliche Tragödie

[1] Johann Christoph Gottsched (1700–1766): deutscher Schriftsteller, Dramaturg und Literaturtheoretiker. Mit seiner „Critischen Dichtkunst" entwickelte er eine geordnete Poetik.

das einfache Volk bedienten. Wegen der sogenannten Ständeklausel wurden Bürgerliche allenfalls in Komödien, Pantomimen oder volkstümlichen Possen gezeigt. Lessing hingegen möchte ein anderes Theater machen, besetzt seine Tragödie „Miss Sara Sampson" mit Bürgerlichen in den Hauptrollen und nennt sein Schauspiel provokativ eine „bürgerliche Tragödie". Er glaubt, dass sich das Publikum auf diese Weise besser in die Personen hineinversetzen könne. In seiner Theatertheorie löst er sich von französischen Vorbildern und bezieht sich auf Aristoteles und auf das englische Schaupiel, das eng mit dem Namen Shakespeare verbunden ist. Im Zentrum steht der freie, von höfischen und religiösen Bindungen losgelöste Mensch, dessen komplexe Psyche und dessen Erfahrungen für das Geschehen auf der Bühne konstitutiv sind.

„Miss Sara Sampson": erstes Trauerspiel mit einer Bürgerlichen in der Hauptrolle

In seinem späteren bürgerlichen Trauerspiel „Emilia Galotti" übt er in der Figur des skrupellosen und despotischen Prinzen Kritik am willkürlichen Herrschaftsstil des Adels und stellt diesem eine neue, aufgeklärte Moral des Bürgertums entgegen. Das tragische Ende und der unversöhnliche Zusammenprall von bürgerlichen und adligen Vorstellungen von Liebe und Ehe machen das Stück politisch brisant. Neben den Tragödien werden später auch sein Lustspiel „Minna von Barnhelm" und das später als weltanschauliches Ideendrama bezeichnete Schauspiel „Nathan der Weise" maßgebend für die Entwicklung des deutschen bürgerlichen Dramas.

„Emilia Galotti": Kritik am willkürlichen Herrschaftsstil des Adels

Im Drama „Nathan der Weise", seinem Spätwerk, verarbeitet Lessing religionskritische und weltanschauliche Überlegungen. Die Figur des Nathan als Spiegel aufklärerischer Ideale zeigt vorbildhaft einen Wahrheitssucher und Erzieher nach Lessings Geschmack. Er nähert sich im Gespräch der Wahrheit und stellt so manche starrsinnige und vorurteilsbehaftete Meinung infrage. Solcherart gewonnene Erkenntnisse erhofft er sich nicht nur von Nathans Gesprächspartnern, sondern auch vom Zuschauer. An seinen Bruder und Vertrauten Karl

„Nathan der Weise": Ideendrama der Aufklärung

Lessing schreibt er: „Es kann wohl sein, dass mein ‚Nathan' im Ganzen wenig Wirkung tun würde, wenn er auf das Theater käme, welches wohl nie geschehen wird. Genug, wenn er sich mit Interesse nur lieset und unter tausend Lesern nur einer daraus an der Evidenz und Allgemeinheit seiner Religion zweifeln lernt."[1] Lessing weiß, dass zu einer weltoffenen, toleranten Haltung eine grundsätzliche Lernbereitschaft und auch die Revision zuvor geglaubter Urteile gehören.

Kampf gegen gesellschaftlichen Antijudaismus

Indem er für den „Nathan", seinem großen Plädoyer für Toleranz, einen Juden die Hauptrolle auf den Leib schreibt, hält er den Judenfeinden seiner Zeit einen Spiegel vor. Der Kampf gegen den gesellschaftlichen Antijudaismus ist für ihn schon lange vor der Entstehung des „Nathan" ein persönliches Anliegen. So kann sein Einakter „Die Juden" (1749), in welchem antijüdische Vorurteile als lächerlich und unbegründet vorgeführt werden, als Vorläufer des „Nathan" gelten. Durch seine tiefe, lebenslange Freundschaft mit dem jüdischen Gelehrten Moses Mendelssohn weiß er sehr genau, welchen Anfeindungen jüdische Mitbürger ausgesetzt sind.

Lessing sticht in literarischer Hinsicht besonders durch seine vielseitige Tätigkeit hervor. Sein Leben ist vom Kampf um Toleranz und Vernunft geprägt, sodass er als beispielgebender Aufklärer im Gedächtnis bleibt. Einige Zitate aus dem Nachruf verweisen auf Lessings Lebensleistung.

Nachruf

„Lessing hält sich, seiner polemischen Natur nach, am liebsten in den Regionen der Widersprüche und Zweifel auf, das Unterscheiden ist seine Sache, und dabei kam ihm sein großer Verstand auf das Herrlichste zustatten."[2] (Goethe an Eckermann, 11.04.1827)

---

[1] Brief an Karl Lessing vom 18.04.1779. Zit. in: Erläuterungen und Dokumente. G. E. Lessing. Nathan der Weise. Hrsg. v. Peter von Düffel. Stuttgart 2006, S. 128

[2] Johann Wolfgang von Goethe an Eckermann. Zit. in: www.literaturkritik.de/public/rezension.php?rez_id=5230&ausgabe=200208 [Stand: 20.12.2010]

„Man wird sich umsehen, nach einem, der diesen leergewordenen Stuhl an der kleinen Tafelrunde der Weisen ausfüllen könnte. Wo ist nun der Denker, der helle, tiefblickende, weitumschauende philosophische Denker ... wo ist der Kenner der menschlichen Natur ... wo der Mann von Geschmack und seinem scharfen, sichern Urteil, der uns diesen Mann ersetzen könne? Und man wird sich keine Antwort geben können."[1] (Johann Gottfried Herder in seiner Totenklage)

„Liebe zum Forschen. Dieser konnte er alle seine übrigen Neigungen aufopfern."[2] (Moses Mendelssohn)

„Nathan der Weise" als Drama der Aufklärung

Wahrheitssuche und Vernunftgebrauch als Postulate der Aufklärung

„Nicht die Wahrheit, in deren Besitz irgend ein Mensch ist oder zu sein vermeinet, sondern die aufrichtige Mühe, die er angewandt hat, hinter die Wahrheit zu kommen, macht den Wert des Menschen. Denn nicht durch den Besitz, sondern durch die Nachforschung der Wahrheit erweitern sich seine Kräfte, worin allein seine immer wachsende Vollkommenheit bestehet. Der Besitz macht ruhig, träge, stolz. Wenn Gott in seiner Rechten alle Wahrheit und in seiner Linken den einzigen immer regen Trieb nach Wahrheit, obschon mit dem Zusatze, mich immer und ewig zu irren, verschlossen hielte und spräche zu mir: ‚Wähle!' – ich fiele

[1] Zit. in: „Funken aus der Asche eines Toten". Vor 225 Jahren starb der Gelehrte und Dichter Gotthold Ephraim Lessing. Artikel von Silke Osman in der Preußischen Allgemeinen Zeitung, 11. Februar 2006

[2] Mendelssohn, Moses: Notizen für eine geplante Biografie. Zit. in: Sternburg, Wilhelm von: Gotthold Ephraim Lessing. Reinbeck bei Hamburg 2010, S. 148

ihm mit Demut in seine Linke und sagte: ‚Vater, gib! Die reine Wahrheit ist ja doch nur für dich allein!'"[1]

Die Erziehbarkeit des Menschen zum Guten

Das Zitat zeigt Lessing als Aufklärer. Ihm geht es um das Selbstdenken, das den Menschen vor einer frag- und kritiklosen Übernahme fremder Wahrheiten bewahrt und ihn hierdurch mündig macht. Dahinter steht ein optimistisches Bild vom Menschen, nach welchem er lern- und entwicklungsfähig, grundsätzlich verstandesbegabt und auf die Vervollkommnung seiner guten Eigenschaften hin erziehbar ist. Um den Menschen zur Verwirklichung dieser Ideale zu motivieren, so argumentiert der Autor des „Nathan", sei an seinen Ehrgeiz, seine Neugierde und an das belohnende Vergnügen an der Erkenntnis der Wahrheit zu appellieren. Der Erkenntnisgewinn, den der Einzelne anstreben solle, sei dabei kein Selbstzweck, sondern er verhelfe dazu, eine Verbindung zur Welt herzustellen und sich im Leben zu verankern. Der Mensch, so Lessing, sei nicht zum Vernünfteln, sondern zum Tun geschaffen.[2]

Der Appell zur Kritik an Individuen und Systemen

Die Ideale der Aufklärung wird später der Philosoph Immanuel Kant am Ende der Epoche rückblickend zusammenfassen. „Aufklärung ist der Ausgang des Menschen aus seiner selbstverschuldeten Unmündigkeit. Unmündigkeit ist das Unvermögen, sich seines Verstandes ohne die Leitung eines anderen zu bedienen."[3] Dies verlange insofern dem Menschen viel ab, als er dazu seine Bequemlichkeit und seine Angst vor der Freiheit überwinden müsse. Beobachtungen, Erfahrungen oder Äußerungen können nicht einfach unreflektiert übernommen werden, sondern bedürfen einer

[1] Gotthold Ephraim Lessing: Sämtliche Schriften. Hrsg. v. Karl Lachmann. 3. A., besorgt durch Franz Muncker, 23 Bände. Stuttgart 1886–1924. Reprint Berlin, Bd.13, S. 23f.

[2] Vgl. hierzu: Fick, Monika: Lessing-Handbuch. Leben-Werk-Wirkung. 2. A. Stuttgart, Weimar 2004, S. 55

[3] Immanuel Kant: Beantwortung der Frage: Was ist Aufklärung? 1784. In: Aufsätze zur Geschichte und Philosophie. Hrsg. v. J. Zehbe. Göttingen 1967, S. 55

selbstständigen, kritischen Prüfung. Da nicht nur Einzelpersonen, sondern auch geistige und gesellschaftliche Systeme nach ihrer Vernunftgemäßheit überprüft werden, wird das 18. Jahrhundert auch als „Zeitalter der Kritik" bezeichnet. Dies hat unter anderem zur Folge, dass auch die Institution Kirche einer Kritik unterzogen wird und sich das philosophische Denken mehr und mehr von der theologischen Bevormundung löst.

Der Gedanke der Vervollkommnung wird nicht nur auf den einzelnen Menschen, sondern auch auf die Entwicklung der Menschheit bezogen. Das Bild der Welt, wonach die Geschichte nach den Prinzipien der Vernunft, der Ordnung und der Kausalität verlaufe, wird auch als „teleologisches" Geschichtsbild bezeichnet. Lessing äußert seine geschichtsphilosophischen Auffassungen in seiner Spätschrift „Die Erziehung des Menschengeschlechts". Die Entwicklung der Religionen bewirke gleichzeitig eine zunehmende Erziehung und Vervollkommnung der Menschen, bis diese in einen Zustand der „völligen Aufklärung der Vernunft" und der „Reinigkeit des Herzens"[1] gelangen würden. Um das Gute zu tun und moralisch zu handeln, bedürfe es in diesem letzten Entwicklungsschritt keines Lohnversprechens mehr, weil es aus Gründen der Humanität freiwillig geschehe.

Teleologisches Geschichtsbild

Das Gedankengut der Aufklärung findet sich in verschiedener Form im Drama, das deshalb häufig auch als Erziehungsdrama oder Ideendrama bezeichnet wird, wieder. Die Idee der Erziehbarkeit des Menschen zum Guten wird an dem durch Nathan angestoßenen Lern- und Entwicklungsprozess Rechas, des Tempelherrn sowie Saladins exemplarisch entfaltet. Da Recha ihren naiven Wunder-

„Nathan der Weise" als Erziehungsdrama bzw. Ideendrama

[1] Lessing, G. E.: „Die Erziehung des Menschengeschlechts". Zit. in: Erläuterungen und Dokumente. G. E. Lessing. Nathan der Weise. Hrsg. v. Peter von Düffel. Stuttgart 2006, S. 175ff.

und Engelsglauben, der Tempelherr seine religiös motivierte Intoleranz und seine stumpfe Judenfeindlichkeit und Saladin seinen Hochmut und seine Selbstgefälligkeit überwinden, wird der positive Ausgang der Handlung erst ermöglicht. Noch erstaunlicher scheint der Weg Nathans zu seiner Weisheit, weil er sie sich nicht durch eine außenstehende Erziehergestalt, sondern selbstständig, durch das Hören auf die Stimme der Vernunft, erwirbt.

Anleitung zum Selbstdenken durch dialogisch angelegte Lernprozesse

Den Idealen der Aufklärung entspricht auch der Lernweg der genannten Figuren: Sie werden nicht durch eine äußere Instanz belehrt, sondern gelangen selbst zu ihrer vernunftgemäßen Erkenntnis. Dafür brauchen sie einen Dialogpartner wie den weisen Nathan, der ihre festgefahrene Meinung infrage stellt und sie gleichzeitig nicht abwertet. Einzig ihm selbst gelingt es, seinen Gedanken, die nach der Ermordung seiner Familie durch Hass- und Rachegefühle verdunkelt waren, eine andere Richtung zu geben. Der Erziehungsprozess bleibt bei der Erkenntnis nicht stehen, sondern beinhaltet auch die Dimension des Handelns. Dies zeigt sich vor allem in den Maximen der Ringparabel, in welcher dem ethischen Tun der philosophischen Wahrheit gegenüber eine Vorrangstellung eingeräumt wird.

Die Negativfiguren als Verweis auf die Gefährdungen einer aufgeklärten Gesellschaft

Durch die Negativfiguren des Dramas, wie etwa den Patriarchen oder auch Daja, wird zudem gezeigt, was einer Verwirklichung der aufklärerischen Ideale entgegensteht. Das Machtstreben des Patriarchen und sein Dogmatismus bergen implizit eine Kritik an Personen und Institutionen, die den Menschen abhängig und ihren Zwecken dienstbar machen wollen. Die Religionsauffassung Dajas verdeutlicht die aus der eigenen Persönlichkeit stammenden Gefahren, wie etwa die irrige Auffassung, im Besitz der alleinseligmachenden Wahrheit zu sein. Durch die Gestaltung des Handlungsverlaufs zeigt Lessing demnach auch Unbelehrbarkeit als eine Einschränkung des Zukunfts- und Fortschrittsoptimismus der Aufklärung.

Das Schlusstableau als utopischer, aufklärerischer Gesellschaftsentwurf

Dass sich letztlich jedoch die Mehrzahl der Figuren als Teile einer Menschheitsfamilie wiederfinden und den Toleranzgedanken in ihrem Leben verwirklichen, stellt angesichts der damaligen wie heutigen Realität einen utopischen Gesellschaftsentwurf im Sinne der Aufklärung dar.

Wirkung und Rezeption

Lessings pessimistische Einschätzung zur Aufführbarkeit des „Nathan"

Das dramatische Gedicht „Nathan der Weise" ist von Lessing inmitten des sogenannten „Fragmentenstreits" als eine Reaktion auf die Aufhebung der Zensurfreiheit seiner Schriften konzipiert worden. Er will sich auf dem Theater Gehör verschaffen und den Streit mit dem Hamburger Hauptpastor Goeze weiterführen. Lessing vermutet vor der Veröffentlichung, dass sein Drama wohl nur schwerlich aufgeführt werden wird. Er ahnt voraus, dass er mit seiner Kritik an religiösem Dogmatismus und der judenfreundlichen Darstellung der Hauptfigur Anstoß erregen wird. In einer überarbeiteten Fassung der Vorrede zu seinem Werk heißt es: „Noch kenne ich keinen Ort in Deutschland, wo dieses Stück schon jetzt aufgeführt werden könnte. Aber Heil und Glück dem, wo es zuerst aufgeführt wird."[1]

Öffentliche Zurückhaltung und Kritik trotz eines großen Bucherfolgs

Er scheint zunächst mit seiner Skepsis Recht zu behalten. Obwohl erste Rezensionen die sprachliche Kunstfertigkeit und die Gestaltung der Charaktere loben, ist der „Ton, der der Offenbarung nicht eben günstig ist und daher doch wohl das Gefühl der meisten [...] empören möchte"[2], Anlass für einen frühen Rezensenten, das Stück für unaufführ-

[1] Vorrede zum „Nathan". Zit. in: Erläuterungen und Dokumente. G. E. Lessing. Nathan der Weise. Hrsg. v. Peter von Düffel. Stuttgart 2006, S. 131

[2] Aus der Rezension im Kielischen Litteratur-Journal, 1. Bd., Altona 1780, S. 31–38. Zit. in: ebd., S. 133

bar zu halten. Nichtsdestotrotz wird es in Lessings Lebenszeit schon zu einem großen Bucherfolg.

Lob und Kritik am weltanschaulichen Gehalt des Dramas

Die poetische Idee, einem Schauspiel neben der Handlung eine thematische, weltanschauliche Ebene zu verleihen und sich damit über enge Gattungsgrenzen hinwegzusetzen, wird im Laufe der Zeit unterschiedlich beurteilt. So kritisiert Schiller, dass Lessing offensichtlich vergessen habe, „dass ein Dichter nicht befugt sey, die tragische Form zu einem andern als tragischen Zweck anzuwenden“[1]. Weiterhin führe nach Meinung der Schriftstellerin Germaine de Staël (1766–1817) die Gestaltung der Charaktere, die „nicht um ihretwillen, sondern zur Beförderung der Aufklärung da seien“[2], dazu, dass das Interesse an dem, was sich auf der Bühne abspielt, sinke. Eine gegenteilige Meinung vertritt später der Literaturwissenschaftler Benno von Wiese (1903–1987). Er räumt ein, dass es im „Nathan“ zwar „[k]eine ausgesprochene Handlung, keine ausgesprochenen dramatischen Verwicklungen“ gebe, dafür aber das Stück als Weltanschauungsdichtung die Idee der vollendeten Humanität authentisch veranschauliche.[3]

Geringer Erfolg der ersten Inszenierung

Das Stück wird dann doch auf die Bühne gebracht, nachdem es Schiller bearbeitet hat. Einige weltanschaulich brisante Passagen, in denen es um Kritik an dem Verhalten der Christen geht, wurden von ihm gestrichen. Am 14. April 1783 wird der „Nathan“ in dieser Fassung in Berlin erstmals aufgeführt. Es wird kein Erfolg. Nach ersten begeisterten Reaktionen sinkt die Zuschauerzahl. Verhaltene Reaktionen sind nicht nur bei dem jüdischen Publikum zu verzeichnen: Das Drama befremdet vielleicht auch wegen seiner Hauptfigur: „Nathans Weisheit stieß bei

[1] Schiller, Friedrich: Über naive und sentimentalische Dichtung. Zit. in: ebd., S. 143

[2] Staël, Germaine de: Über Deutschland. Zit. in: ebd., S. 155

[3] Wiese, Benno von: Das Humanitätsideal in der deutschen Klassik. Zit. in: ebd., S. 192

evangelischen und katholischen Christen und bei orthodoxen Juden auf Argwohn […]."[1]

Religiöse, rassistische oder ideologisch belastete Rezeptionsgeschichte

Auch in der Folgezeit wird deutlich, dass bei der Bewertung des „Nathan" nicht nur inhaltliche oder formale Kriterien herangezogen werden, sondern vielfach auch religiöse, rassistische oder ideologische Gründe eine Rolle spielen und dadurch die Rezeptionsgeschichte verdunkeln. Im Nationalsozialismus wird das Stück aufgrund seiner jüdischen Hauptfigur sowohl aus den Lehrplänen als auch aus dem Bühnenprogramm gestrichen.

Die Problematik der Inszenierung des Stückes nach Auschwitz

Nach dem Zweiten Weltkrieg wird die Aufführung des „Nathan" zur Herausforderung. Viele Bühnen in der sowjetischen Besatzungszone eröffnen mit Lessings „Nathan" ihre Nachkriegsspielzeit. Auch im Westen Deutschlands wird das zwölf Jahre verbotene und der damaligen Jugend unbekannte Stück wieder auf die Bühnen gebracht: Ein Signal für die Wiederbelebung humanistischer Gesinnung nach den Jahren des Terrors?

Angesichts der Tatsache, dass der „Nathan" heute zu den am häufigsten und ununterbrochen aufgeführten Stücken der Weltliteratur zählt, ist ein Überblick über die verschiedensten Aufführungsvarianten und damit auch Interpretationen nicht möglich. Wohl aber lassen sich unterschiedliche Intentionen der Inszenierungen unterscheiden. So erfährt der „Nathan" immer wieder Aktualisierungen, die sich entweder als Anklage, als Versöhnungsspiel oder auch als Mittel zur Aufarbeitung verstehen.[2]

Die Problematik einer Inszenierung des Schlusstableaus

Am deutlichsten zeigen sich diese Varianten bei der Inszenierung des Schlusstableaus. Nathan steht dort in einigen Versionen isoliert und nimmt nicht an den allgemeinen Umarmungen der allseits Blutsverwandten teil. Manchmal

---

[1] Grundlagen und Gedanken. Gotthold Ephraim Lessing: Nathan der Weise. Interpretiert von Dieter Arendt. Frankfurt 1998, S. 80

[2] Vgl. hierzu: ebd., S. 82

wird auch gezeigt, wie Saladin und Sittah ihm die Tochter entreißen. In einer aktuellen Inszenierung wird das Spiel kurz nach der Auflösung der Verwandtschaftsverhältnisse abgebrochen und das Ende nur noch vorgelesen. Die Verantwortlichen wollen damit auf den noch immer uneingelösten Anspruch dieses Dramas der Aufklärung in einer Welt, die von fremdenfeindlichen Pogromen[1], Religionskonflikten und Gewalt geprägt ist, hinweisen.

Ganz anders interpretieren drei Schülergruppen im Jahr 2000 in Hannover das Stück.[2] Eine deutsche und zwei israelisch-palästinensische Gruppen entwickeln zunächst jeweils eine eigene, in die Landessprache übersetzte Fassung und führen alle drei in der Endphase des Projekts zusammen. Das Ergebnis ist eine mehrsprachige Version – die Juden sprechen im Stück hebräisch, die Christen deutsch und die Muslime arabisch. Hierbei wird ein Stück weit Lessings Forderung nach einem toleranten Miteinander Realität.

Antiversionen des Stücks

Der ungarische Regisseur und Jude George Tabori, dessen Vater in Auschwitz starb, schreibt 1991 in Anbetracht der Geschichte das Stück völlig um. Seine Version nennt er „Nathans Tod. Frei nach Lessing". Es handelt sich um eine Szenencollage aus dem „Nathan" und anderen Texten Lessings. Mit der Figur des weisen Juden Nathan wird auf der Bühne auch die aufklärerische Humanitätsidee zu Grabe getragen: Das positive Ende sowie die Ringparabel werden zurückgenommen. Saladin hört Nathan nicht an und wird zum Freund des Patriarchen. Dieser hat das letzte Wort des Dramas und freut sich, das blöde Märchen von der Ringparabel nie mehr hören zu müssen. Weitere Antiversionen folgen und provozieren die Frage, ob das Drama „Nathan

[1] Pogrom: Ausschreitung

[2] Vgl. hierzu: Kuschel, Karl-Josef: „Jud, Christ und Muselmann vereinigt"? Lessings „Nathan der Weise". Düsseldorf 2004, S. 22f.

der Weise" mit seiner hoffnungsvollen Botschaft eine unrealistische Utopie ist und damit als überholt gelten kann. Dennoch wird es wieder verstärkt auf die Bühne gebracht, nachdem 2001 islamistische Terroristen einen Anschlag auf das World Trade Center in New York verübt haben.

„Nathan und seine Kinder" – Eine Romanfassung

2008 erscheint eine Romanfassung durch Mirjam Pressler, die sie „Nathan und seine Kinder" nennt. Indem sie die Perspektiven häufig wechselt, verleiht sie verschiedenen Figuren stärkeres Gewicht und gibt dem Leser Einblick in deren Gefühle und Handlungsmotive. Auch ihr scheint das gute Ende im Original utopisch. In ihrer Fassung wird Nathan schließlich ermordet. Seine Kinder – für sie sind das alle Menschen, die ihn umgaben und von ihm für ihr Leben gelernt haben – bleiben allein zurück.

Die Meinungen darüber, ob der Stoff überholt oder aktueller denn je ist, gehen noch immer weit auseinander. Wie eine heutige Inszenierung des „Nathan" aussehen kann, hängt auch davon ab, ob man das Stück als einen Triumphzug der Vernunft und Toleranz oder als einen Appell auf dem Weg dorthin auffasst.

Das Drama „Nathan der Weise“ in der Schule

Der Blick auf die Figuren: Die Personencharakterisierung

Eine literarische Figur charakterisieren – Tipps und Techniken

In einer literarischen Charakterisierung werden neben äußeren Merkmalen besonders die Wesenszüge einer literarischen Person analysiert. Gegebenenfalls muss auch ihre Entwicklung im Werk erfasst werden. Dazu ist es wichtig, die im Text vermittelten Informationen zu sammeln, zu ordnen und zu werten. Bei einem dramatischen Text ist es wichtig, nicht nur die Figurenreden zu untersuchen, sondern auch die Regieanweisungen.

Auf diesem Wege gelangt man zu einer Gesamtinterpretation der Figur. Das Wesentliche soll nicht in beschreibender, sondern in argumentierender Form dargelegt werden. Alle Behauptungen, die man über eine Figur aufstellt, müssen begründet, d.h., in der Regel durch eine oder mehrere Textstellen belegt werden. Das Tempus ist das Präsens.

Für die Erarbeitung einer literarischen Charakterisierung können unter anderem folgende Aspekte und Leitfragen von Bedeutung sein:

1. **Personalien, sozialer Status und äußeres Erscheinungsbild**
   - Was erfahren wir über Name, Geschlecht, Alter und Beruf der Figur?
   - Werden auffällige äußere Merkmale beschrieben?
   - Wie werden die Lebensverhältnisse und das soziale Umfeld der Figur dargestellt?

- Gibt es Informationen zur Vorgeschichte der Figur?

2. Wesentliche Charaktereigenschaften und Verhaltensweisen
- Zeigt die Figur typische Verhaltenseigenschaften und Gewohnheiten?
- Was sind ihre hervorstechenden Wesensmerkmale und Charakterzüge?
- Welche Umstände prägen und bestimmen ihre Existenz?
- Welches Selbstbild hat die Figur?
- Welche inneren Einstellungen, welches Weltbild hat sie?
- Zeigt die Figur eine Veränderung in ihren äußeren Merkmalen oder eine innere Entwicklung?
- Wie wird sie von den anderen Figuren wahrgenommen?
- In welcher Beziehung steht sie zu den anderen Figuren?

3. Sprachgebrauch und Sprachverhalten
- Wie kann man den Sprachgebrauch der Figur allgemein beschreiben? (Sprachebene, Sprachstil)
- Welche Auffälligkeiten lassen sich auf Satz- und Wortebene erkennen (Satzbau, Wortwahl, …)?
- Welche Botschaften werden durch nonverbale Kommunikation übermittelt? (Mimik, Gestik, Körperhaltung)
- Welches Gesprächsverhalten, welche Gesprächsstrategien verfolgt die Figur?

4. Zusammenfassende Bewertung
- Wie lässt sich die Funktion der Figur für das Drama beschreiben?

- Handelt es sich um einen Charakter oder bloß einen Typus[1]?
- Inwieweit sind festgestellte charakterliche Merkmale gesellschaftlich bedingt?
- Welche Gesamtdeutung der Figur ergibt sich aus den gewonnenen Erkenntnissen?

Nathan

1. Personalien und sozialer Status

Die Hauptfigur des Stückes, Nathan, wird zunächst als reicher, erfolgreicher jüdischer Kaufmann in Jerusalem vorgestellt. Dort lebt er in einem Haushalt mit seiner angenommenen Tochter Recha und ihrer Gesellschafterin Daja. Seine leibliche Familie – seine Frau und seine sieben Söhne – wurde von christlichen Fanatikern in der Stadt Gath ermordet. Das ihm anvertraute Kind, die christlich getaufte Tochter seines Freundes Wolf von Filnek, erzieht er als seine eigene Tochter. In seiner Heimatstadt trägt Nathan den Beinamen „der Weise", da sein vernünftiger Ratschlag bei den Menschen seiner Umgebung begehrt ist.

2. Wesentliche Charaktereigenschaften: Nathan als Kaufmann – Ökonomischer Scharfsinn, Großzügigkeit und Toleranz

Als Kaufmann zeichnet sich Nathan durch seinen ökonomischen Scharfsinn aus. Er handelt mit verschiedenen Kostbarkeiten und scheint damit überall präsent zu sein, denn man sagt, „[s]ein Saumtier treibt auf allen Straßen, zieht/Durch alle Wüsten; seine Schiffe liegen/In allen Häfen" (II, 3, V. 1116ff.). Seine Güte gegenüber den Armen und seine Lebensklugheit werden gerühmt und zeichnen ihn als einen einflussreichen Bürger von Welt aus. Obgleich er es versteht, auf kluge Weise sein Geld zu mehren, hängt er nicht daran. Gelassen nimmt er darum die Nachricht von dem drohenden Verlust seines Hauses durch einen Brand hin (vgl. I, 1) und bietet Saladin ungefragt an, ihm

[1] In der Literaturwissenschaft bezeichnet ein Typus eine mit feststehenden Merkmalen versehene Figur im Drama. Dabei handelt es sich nicht um einen individuellen, sondern einen schematischen Charakter, der in dieser Form in verschiedenen Dramen eine Rolle spielt.

Geld zu borgen (vgl. III, 7), obgleich dies eigentlich gegen seine Prinzipien verstößt. Die Rückgabe des Geldes bezeichnet er als „Kleinigkeit“ (V, 8, V. 3700). Derart großzügig und tolerant verhält er sich unterschiedslos gegenüber Vertretern aller Religionen. Er bringt sowohl seiner Tochter als auch Daja kostbare Stoffe mit, öffnet Al-Hafi als seinem Freund (nicht jedoch als Schatzmeister des Sultans) seine Kasse (vgl. I, 3) und ist gegenüber dem christlichen Klosterbruder schnell zu einer Spende bereit (vgl. IV, 7): „Jud' und Christ/Und Muselmann und Parsi, alles ist/Ihm eins.“ (II, 2, V. 1069 ff.) In Dajas Fall nutzt er seinen Reichtum allerdings auch als Bestechungsmöglichkeit und will sich dadurch ihr Schweigen über Rechas Herkunft erkaufen (vgl. I, 1).

Nathan als Jude – Verfolgt und geringgeschätzt

Trotz seines Reichtums, seiner Weisheit und seiner Güte wird Nathan oftmals geringgeschätzt und muss sogar fürchten, verfolgt zu werden. So wird die Anrede bzw. Kennzeichnung „Jude“ (z. B. II, 5; III, 5; IV, 2) von den Christen, Daja, dem Tempelherrn und dem Patriarchen, sowie von den Muslimen Saladin und Sittah gebraucht, um Verachtung auszudrücken und Distanz herzustellen. Als Jude ist er in Jerusalem trotz seines Einflusses angreifbar und rechtlos. Da er Jude ist, scheut sich Sittah nicht, ihn mithilfe einer List um sein Geld zu bringen (vgl. III, 4). Würde die Annahme und Erziehung des christlichen Mädchens Recha bekannt, so müsste er unerbittlichen, mörderischen „Hass und Gleisnerei“ (IV, 7, V. 3026) christlicher Fanatiker wie etwa des Patriarchen, aber auch des Tempelherrn in seinem Zorn fürchten. Indes ist Nathans Religiosität durch Toleranz, Vernunft und Humanität gekennzeichnet. Er beurteilt die Menschen vorurteilsfrei nicht nach ihrer Religionszugehörigkeit, sondern allein an ihrer Menschlichkeit. Sein Glaube an Gott ist gepaart mit dem Bekenntnis zur Vernunft und bewahrt ihn vor der Versuchung, angesichts der Ermordung seiner Familie dem Gefühl unversöhnlichen Hasses auf die christlichen Täter nachzugeben (vgl. IV, 7).

Damit stellt sein gefestigter und tragfähiger Gottesglaube ein positives Gegenbild zu dem schwärmerischen und fanatischen Glauben vieler christlicher Figuren dar.

Nathan als Erzieher: weise und lebensnah

Seine Lebensklugheit, seine Menschenkenntnis sowie seine kommunikative Geschicklichkeit, die ihn zu einem großartigen Erzieher machen, sind allerdings vor dem Hintergrund der leidvollen Lebensgeschichte entstanden. Als solcher kümmert er sich in erster Linie um seine geliebte Recha, der er den „Samen der Vernunft" (III, 1, V. 1564) einpflanzen will, um sie zu einer geradlinigen, vernünftigen Lebensführung zu befähigen. Sein Wissen gibt er ihr durch mündliche Unterweisung weiter und nimmt dabei stets Bezug auf aktuelle Begebenheiten, sodass das Gelernte im Gedächtnis haften bleibt (vgl. V, 6). Mit dieser praxisorientierten, anschaulichen und lebensnahen Lehrmethodik will er erreichen, dass seine Tochter sich hilfsbereit den Menschen zuwendet (vgl. I, 2). Durch seine geschickte und einfühlsame Gesprächsführung gelingt es ihm, den jeweiligen Gesprächspartner selbst zur Einsicht zu führen und manches Mal auch zu beschämen. So bezeichnet Recha rückblickend ihre Schwärmerei und ihren Engelsglauben als „Posse" (III, 1, V. 1579) und auch Saladin erlebt bei der Lektion der Ringparabel einen Moment der Beschämung. Das Lernen von Nathan beinhaltet demnach auch schmerzvolle Momente der Selbstkritik, der Zerknirschung und Reue.

Nathan als Vater: ein Vorbild im Geiste

Obwohl er nicht ihr leiblicher Vater ist, geht ihm die Erziehung Rechas über alles. Er betrachtet sie als sein ihm „vertraute[s] Pfand" (IV, 7, V. 2945), das er auch dann nur ungern aufgeben will, als sich Familienmitglieder gefunden haben, die nach biologischem Verständnis ein größeres Anrecht auf sie haben. Seine väterliche Liebe zu ihr ist durch den Verlust seiner eigenen Söhne siebenfach und dennoch nicht besitzergreifend. Den rechtmäßigen Anspruch als Rechas „wahrer Vater" (V, 3, V. 3249) muss schließlich sogar der Tempelherr anerkennen. Über die

Schranken eines biologischen Verständnisses von Vaterschaft setzt sich Nathan weiter hinweg, als er auch ihm anbietet, ihn als Kind anzuerkennen (vgl. V, 8).

Nathan als Aufklärer: vernünftig und tolerant

Mit seinen Eigenschaften verkörpert Nathan die Ideale der Aufklärung: Einen Menschen, der aus seiner Welt- und Leiderfahrung mündig und dadurch fähig geworden ist, andere zu erziehen. Seine Erfahrungen haben ihn nicht gebrochen, sondern ihn zu einem tragfähigen Glauben und zu humaner Handlungsfähigkeit geführt („und doch ist Gott!/Doch war auch Gottes Ratschluss das! Wohlan!/ Komm! übe, was du längst begriffen hast“; IV, 7, V. 3053 ff.). Bescheiden und trotzdem bestimmt tritt er in Opposition zum Fanatismus, zu unreflektiertem Glauben und autoritärer Überheblichkeit. Um den Sultan zu überzeugen, ohne ihn zu beleidigen, erzählt er die Ringparabel und gewinnt mit ihr die Freundschaft des Sultans. Mit seiner bescheidenen Lebensklugkeit scheint ihm das gelungen, was der Ring seiner Parabel seinem Träger verheißt: „vor Gott/Und Menschen angenehm zu machen“ (III, 7, V. 1915 f.).

3. Sprachgebrauch und Sprachverhalten

Nathans Einfühlsamkeit und seine Intellektualität spiegeln sich in seinem Sprachgebrauch. Er wählt seine Worte zumeist so, dass sie bei dem jeweiligen Gesprächspartner ankommen und dessen Denkweise manches Mal auch infrage stellen. Mit seiner Menschen-

Nathan als Symbolfigur aufgeklärter Toleranz (Berliner Ensemble)

kenntnis und seiner rhetorischen Geschicklichkeit hält er seinen Gesprächspartnern einen Spiegel vor und verhilft ihnen dadurch unaufdringlich zur Einsicht. Mit entwaffnender Offenheit („Es ist doch sonderbar,/Dass so ein böser Fleck, dass so ein Brandmal/Dem Mann ein bessres Zeugnis redet als/Sein eigner Mund."; II, 5, V. 1247ff.) und kritischer Rückfrage („Kurz und gut? Und gut? – Wo steckt/Das Gute?"; V, 5, V. 3395f.) begegnet er beispielsweise dem brausenden Tempelherrn. Während der Erzählung der Ringparabel verwickelt er Saladin emotional immer weiter in die Geschichte und hebt sich die indirekte Kritik an seiner Überheblichkeit bis zum Schluss auf („Saladin,/Wenn du dich fühlest, dieser weisere/Versprochne Mann zu sein: ..."; III, 7, V. 2054f.). Seine Weisheit offenbart sich demnach nicht lehrhaft-dogmatisch, sondern dialogisch und situationsbedingt. Er besitzt die Fähigkeit, Kommunikationsprozesse in Gang zu halten und ihren Verlauf zum Guten, d.h. zur Verwirklichung der Vernunft, der Toleranz und der Menschlichkeit zu wenden. Nathan ist den anderen Figuren sprachlich so weit überlegen, dass seine Redeanteile die Dramenhandlung tragen und steuern.

4. Zusammenfassende Bewertung

Die Hauptfigur des Stückes trägt den Beinamen „der Weise" mit vollem Recht. Seine Weisheit ist im Laufe eines schmerzvollen und aktiven Lebens gereift und daher fernab von jeder „kalte[n] Buchgelehrsamkeit" (V, 6, V. 3534) angesiedelt. Obgleich er seinen Freund Al-Hafi in dessen Entschluss unterstützt, der Welt den Rücken zu kehren, um „ein Mensch/Zu sein" (I, 3, V. 499f.), lebt er selbst der Welt und den Menschen zugewandt. Rückschläge und Anfeindungen können ihn in dem Glauben an das Gute im Menschen nicht erschüttern. Selbst Menschen mit Fehlern und Schwächen wie dem Tempelherrn bietet er noch seine geistige Vaterschaft an und hilft ihnen damit bei ihrer Entwicklung zum Guten. Die Voraussetzung dafür ist allerdings eine grundsätzlich lernbereite und offene Haltung, die nicht alle Figuren des Stückes auszeichnet. So bleiben der Patriarch und Daja von der geistigen Gemeinschaft mit Nathan ausgeschlossen und haben an seiner Weisheit keinen Anteil. Mit seinen Qualitäten ist Nathan nicht nur eine individuelle Figur, sondern Repräsentant zeitloser menschlicher Werte. Menschlichkeit, Tatkraft und Gottergebenheit bringt er in solch überzeugende Übereinstimmung, dass man ihn als Leitbild der im Drama aufgeworfenen Thematik bezeichnen kann.

Recha

1. Personalien und sozialer Status

Recha wird dem Leser zunächst als die Tochter Nathans vorgestellt. In seiner Abwesenheit wird sie von der christlichen Gesellschafterin Daja, die ebenfalls in Nathans Haus lebt, betreut und erzogen. Erst später wird klar, dass sie die leibliche Tochter von Saladins Bruder Assad ist, welcher sich unter dem Namen Wolf von Filnek mit einer Christin aus dem Geschlecht der Stauffen vermählt und mit ihr zwei Kinder, Blanda und Leu von Filnek, gezeugt hat. Weil ihre leibliche Mutter gestorben und der Vater im Begriff war, in die Schlacht zu ziehen, ist sie als Säugling in die Obhut Nathans übergeben worden. Dieser hat ihr die Wahrheit über ihre Herkunft niemals offenbart, sondern erzieht sie als seine Tochter. Ohne dass sie sich dessen bewusst ist, hat sie als erzogene Jüdin, getaufte Christin und Tochter eines Muslim Anteil an allen drei abrahamischen Weltreligionen.

2. Wesentliche Charaktereigenschaften: Schwärmerei und Engelsglaube

Unmittelbar vor Einsetzen der Dramenhandlung wird sie von einem christlichen Tempelherrn aus dem brennenden Haus Nathans gerettet. Diese krisenhafte Erfahrung sowie die abweisende Haltung ihres Retters auf ihren Wunsch, sich zu bedanken, sind die Gründe für den verwirrten Zustand, in dem sie Nathan und der Leser zunächst vorfinden. In ihrem Glauben, ein Engel und kein Mensch habe sie vor dem Tode gerettet, wird sie von Daja bestärkt, während Nathan sie davon abbringen möchte (vgl. I, 2). Der bereits früh angedeutete Zwiespalt der beiden Erziehungsstile ist auch weiterhin prägend für Rechas Entwicklung: Hin- und hergerissen zwischen dem Einfluss Dajas, den sie in biologischer Metaphorik als „Unkraut oder Blumen" (III, 1, V. 1566) bezeichnet, und Nathans „Samen der Vernunft" (III, 1, V. 1564) muss die Jugendliche ihren eigenen Weg finden. Dabei zeichnet sich ab, dass sie sich der schädlichen Wirkung von Dajas religiös verblendetem Weltbild bewusst wird und sich deshalb zunehmend von ihr emanzipiert, während sie sich Nathan durchgängig dankbar verbunden fühlt. Indem sie die negativen Auswirkungen von religiösem Fanatismus und Nationalismus erkennt und sich davon distanziert (vgl. III, 1), macht sie exemplarisch einen aufklärerischen Erziehungsprozess durch.

Im Zwiespalt zwischen zwei Erziehungsstilen

Der für sie charakteristische Reifungsprozess sowie ihre gesunde Intuition zeigen sich auch an ihrer Beziehung zum Tempelherrn. In dieser entwickelt die zunächst schwärmerisch Verliebte (vgl. III, 1) zunehmendes Selbstbewusstsein, welches sie zu einem witzig-schlagfertigen Auftreten befähigt (vgl. III, 2), und gelangt schließlich zu einem ruhigen

Emanzipation und Intuition

Veränderte Beziehung zum Tempelherrn

Recha hat durch ihre Herkunft Anteil an allen drei abrahamischen Weltreligionen (Theater Lübeck)

Gefühl des Vertrautseins (vgl. III, 3). Ihre Stärke zeigt sich darin, dass sie sich weder von Dajas Einflüsterungen (vgl. III, 3) noch von Saladins Verkupplungsversuchen (vgl. V, 7) beeindrucken lässt, weil sie insgeheim die geschwisterlichen Bande zu spüren scheint und zudem völlig auf Nathan vertraut.

Bildung durch mündliche Unterweisung Nathans

Rechas Liebe zur Vernunft und ihre geistige Überlegenheit gegenüber Daja und dem Tempelherrn hat sie ihrem Ziehvater Nathan zu verdanken. Auch Sittah bemerkt gleich in dem ersten Gespräch mit ihr ihre Klugheit, ihre unschuldige Natürlichkeit und ihre menschenfreundliche Religiosität („So jung! so klug! so fromm!"; V, 6, V. 3525). Rechas Bildung ist grundsätzlich von der Sittahs zu unterscheiden. Während deren Gelehrsamkeit eher aus der Lektüre von Büchern stammt, gibt Recha ausschließlich die mündliche Weitergabe des Erfahrungswissens Nathans als Quelle ihres Wissens an (vgl. V, 6). Mit dieser lebenspraktischen Bildung entspricht sie eher dem Bildungsideal für Frauen, wie es zur Entstehungszeit des Dramas propagiert wurde, als Sittah. Diese kann mit ihrer Gelehrsamkeit in vielerlei Hinsicht mit den Männern konkurrieren, behält dabei jedoch den eigenen Vorteil geschickt und zum Teil auch arglistig im Auge. Recha dagegen äußert ihre Gefühle jederzeit unverhüllt, sodass Nathan ihr inneres Wesen als „Natur und Unschuld" (II, 4, V. 1165) kennzeichnet.

3. Sprachgebrauch und Sprachverhalten

Rechas Sprachgebrauch entspricht dieser Charakterisierung durch Nathan. Ein hervorstechendes Merkmal ist die große Offenheit in der Kommunikation mit den anderen Figuren des Dramas. So schüttet sie in der Begegnung mit Sittah und Saladin diesen direkt ihr Herz aus und drückt sehr emotional ihre Angst aus, Nathan als Vater zu verlieren (vgl. V, 6). Daneben ist sie durchaus in der Lage, in ironischer Weise mit der Sprache zu spielen. So zitiert sie im Gespräch mit dem Tempelherrn absichtsvoll dessen antijüdische und abweisende Argumentation gegen einen Besuch bei Nathan, um seine Dummheit und Engstirnigkeit zu entlarven (vgl. III, 2).

4. Zusammenfassende Bewertung

Als angenommene Tochter Nathans verkörpert die jugendliche Recha die im Drama postulierten pädagogischen und philosophischen Ideale. So erweist sich an ihrem Charakter der segensreiche Einfluss von Nathans Erziehung: Die anfangs noch emotional verwirrte Jugendliche entwickelt sich zunehmend zu einer selbstbewussten und klugen jungen Frau, die ihren Verstand zu nutzen weiß. Insofern bewahrheitet sich in ihr der Vernunftoptimismus der Aufklärung. Ihre besonderen Lebensumstände, durch die eine Anteilhabe an allen drei Weltreligionen zustande kommt, verweisen zudem auf die hoffnungsvolle Möglichkeit des Friedens im Sinne einer großen Menschheitsfamilie.

Al-Hafi

1. Personalien und sozialer Status

Al-Hafi erscheint im Drama in der Doppelrolle eines Derwischs und als Schatzmeister des Sultans Saladin. In seiner Vorgeschichte, in der er sein Amt bei Hof noch nicht übernommen hat, war er ein enger Freund und Vertrauter Nathans (vgl. I, 3), dessen Weisheit und ökonomisches Geschick er offensichtlich gern lobend erwähnt (vgl. II, 2). Seinen neuen Posten bei Hof hat er sich nicht selbst ausgesucht, sondern wurde hierfür von Saladin eigens ausgewählt. Dieser erhofft sich von jemandem wie ihm, der die Armut aus religiösen Gründen als Lebensform gewählt hat, einen einfühlsamen und milden Umgang mit den Bettlern vor dem Palast (vgl. I, 3). Seither verwaltet er einen Teil von Saladins Vermögen, hat sein Bettlergewand gegen eine prachtvolle Robe ausgetauscht und ist zu einem „Kerl im Staat" (I, 3, V. 392) geworden.

2. Wesentliche Charaktereigenschaften: Al-Hafis spannungsreiche Doppelrolle als Derwisch und Schatzmeister

Sein neues Amt hat er nicht aus Prestigegründen, sondern aus innerer Überzeugung und dem Gefühl einer moralischen Verpflichtung heraus angenommen. Da er bei aller Kritik an Saladins ökonomisch widersinnigen und unvernünftigen Umgang mit Geld die dahinter verborgene „gute Seite" (I, 3, V. 493) – seine Güte und sein Mitleid – erkannt hat, versucht er nunmehr sein Bestes, um seiner neuen Aufgabe gerecht zu werden. Allerdings wird schnell deutlich, dass das Eintreiben und Verwalten von Geldern seinem zutiefst bescheidenen Wesen und seinem ethisch-religiösen Verständnis widerspricht. So wird ihm klar, dass die Großzügigkeit Saladins mit den heimischen Bettlern die negative Kehrseite hat, dass das Geld hierfür aus der Unterdrückung und Ausbeutung fremder Völkerschaften stammt (vgl. I, 3). So leidet er an dem inneren Konflikt eines guten Menschen, der, um Gutes zu tun, gleichzeitig das offensichtlich Schlechte dafür in Kauf nehmen muss.

Innerer Konflikt eines guten Menschen

Selbstkritik und Ehrlichkeit

Bezeichnend für ihn ist zudem die Ehrlichkeit sich selbst und anderen Personen gegenüber. So hindert ihn seine Absicht, Nathan um einen Kredit für den Sultan zu bitten, nicht daran, diesen gleichzeitig unumwunden über den schlechten Stand der Staatsfinanzen und Saladins finanzielle Misswirtschaft aufzuklären. Selbstkritisch gibt er weiterhin zu, dass er sein neues Amt zum Teil auch aus Eitelkeit über die Schmeicheleien Saladins angenommen und sich dadurch zu „eines Gecken Geck" (I, 3, V. 478) gemacht habe.

Al-Hafi als komische Figur …

Trotz der Ernsthaftigkeit seiner Überlegungen erlebt der Leser Al-Hafi auch in komischen Situationen, die durch seine Spontaneität und Impulsivität verursacht werden. So löst sein unbeholfener Versuch, Nathan vor finanziellem Schaden zu bewahren, indem er vor Sittah und Saladin den Überraschten mimt und seine Nähe zu dem Freund leugnet, ein Schmunzeln beim Leser aus (vgl. II, 2). Auch die erregte Entrüstung, mit der er als leidenschaftlicher Schachspieler auf Saladins offensichtliches Desinteresse am Gewinnen reagiert, erzeugt auf sympathische Weise Komik (vgl. II, 9).

… und als Aussteiger

Den Widerspruch zwischen seinem Amt und seinem Wesen hält Al-Hafi nicht lange aus. So fasst er ganz plötzlich den radikalen Entschluss, aus der Gesellschaft auszusteigen und sich dem weltabgewandten Leben der Religionsgemeinschaft der Gheber in Indien anzuschließen (vgl. II, 9). Nur in der Abgeschiedenheit von der Welt könne man noch selbstgenügsam als Mensch leben, ohne sich zum Sklaven anderer machen zu müssen (vgl. II, 9). Hierin zeigen sich sein Freiheitsdrang und sein Autonomiestreben.

3. Sprachgebrauch und Sprachverhalten

Al-Hafis charakterliche Eigenarten spiegeln sich auch in seinem Sprachgebrauch. So erlebt ihn der Leser im Dialog mit Nathan als witzig und schlagfertig. Nathans kritischem Einwand, der Mensch sei in seinen Entscheidungen frei („Kein Mensch muss müssen"; I, 3, V. 385), begegnet er mit dem Argument einer moralischen Verpflichtung zu dem als gut erkannten Handeln und stößt damit auf dessen Zustimmung. Selbstbewusst und trotzig eröffnet er Saladin im Beisein Sittahs, dass diese ihren Gewinn zurück in die Staatskasse fließen lässt und damit für den Erhalt des Hofes sorgt. Dabei wirft die gehäufte Verwendung von Synonymen für Täuschung („Geckerei", I, 3, V. 480; „Mummerei", II, 2, V. 953) ein Licht auf seine Wahrheitsliebe und Aufrichtigkeit. Allerdings gerät der Derwisch manches Mal auch ins Stammeln und verrät damit seine Bedrängnis. Sein Versuch, etwas zu verbergen und aus Loyalität zu Nathan zu lügen, wird von Sittah wohl auch aufgrund der Häufung von Ausrufen und Fragen schnell als unglaubwürdig entlarvt (vgl. II, 2).

4. Zusammenfassende Bewertung

Der Derwisch Al-Hafi ist eine komplexe und vielschichtige Figur, die – obgleich sie dem Leser lediglich an drei Stellen des Dramas begegnet – wichtige Funktionen übernimmt. Seine Doppelrolle zeigt anschaulich das Dilemma eines guten Menschen in der Welt auf. Seine Antwort, sich aus jeglichen Zwängen und Verstrickungen zu lösen, stellt dabei eine positive, alternative Lösungsmöglichkeit zu der Nathans dar.

Der Klosterbruder

1. Personalien und sozialer Status

Der Klosterbruder Bonafides ist zu seinem großen Unglück durch seine Ordenszugehörigkeit und das abgelegte Gehorsamsgelübde dem Patriarchen von Jerusalem unterstellt. Er fungiert als dessen Bote, führt jedoch diese Aufträge höchst ungern aus. Seine christliche Überzeugung lässt ihn mit dem weltlichen Machtstreben und den intriganten Plänen des Patriarchen hadern.

Seinem Wunsch nach einer christlichen Existenz entsprach das Leben besser, von dem er Nathan im Gespräch erzählt: Nachdem er zunächst als Reitknecht im Dienst verschiedener Herren gestanden und zuletzt Wolf von Filnek gedient hat, zog er sich als Einsiedlermönch aus der Welt zurück. Dieses zurückgezogene Leben hat er aufgeben müssen, als er von arabischen Räubern überfallen wurde. In Jerusalem wollte er eigentlich nur den Patriarchen um ein neues, einsames Gotteshäuschen auf Tabor bitten, um dort sein asketisches Leben fortzuführen. Dieser lässt ihn als Laienbruder im Kloster leben, hält ihn hin und missbraucht ihn für eigene Zwecke.

2. Wesentliche Charaktereigenschaften: Wunsch nach einem Leben in Weltferne

Die Aufträge des Patriarchen verwickeln ihn, der ausdrücklich sein „Näschen nicht in alles stecken" und sein „Händchen nicht in allem haben" (IV, 1, V. 2385 f.) will, in weltliche Belange. So soll er den Tempelherrn zum Verrat und Mord an Saladin anstiften und später herausfinden, wer der ungenannte Jude ist, der ein christliches Mädchen als Tochter aufzieht. Dadurch befindet er sich in einem schwierigen Dilemma. Gegen seine eigentliche Überzeugung fühlt er sich „schuldig, unsern Obern zu gehorchen" (I, 5, V. 713). Trotzdem findet er Mittel und Wege, sich innerlich zu distanzieren und dadurch authentisch zu bleiben. Dem Tempelherrn gegenüber verrät er seinen innerlichen Abscheu durch die wiederholte sprachliche Formel „sagt der Patriarch" (I, 5, z. B. V. 628). So findet er einen Weg, sich nicht korrumpieren zu lassen und dennoch gehorsam zu

Innere Distanz zum Patriarchen

sein. Später wird er sowohl gegenüber Nathan als auch gegenüber dem Tempelherrn noch deutlicher und äußert seinen inneren Abscheu gegen seine Tätigkeiten für den Patriarchen unverschlüsselt (vgl. IV, 1).

Eigentlich möchte Bonafides nicht in die Angelegenheiten anderer hineingezogen werden. Deshalb lehnt er es ab, den Tempelherrn in seiner Sache anzuhören und ihm einen Rat zu erteilen („Wer viel weiß,/Hat viel zu sorgen"; IV, 1, V. 2449 f.). Als er jedoch die unmittelbare Gefährdung Nathans durch den Patriarchen erkennt, gebieten ihm seine Menschenliebe und sein Gewissen, aktiv in das Geschehen einzugreifen. So warnt er den Tempelherrn vor dem Patriarchen und Nathan vor dem Tempelherrn (vgl. IV, 1; V, 4) und verhindert beherzt eine Tragödie. Damit, dass er Nathan das Brevier Assads mit dessen Stammbaum übergibt und subversiv[1] die Absichten des Patriarchen unterläuft, trägt er weiterhin zur Lösung der dramatischen Verwicklungen und zu einem guten Ende bei.

Seine Funktion innerhalb der Dramenhandlung: Verhinderung einer Tragödie

Vordergründig erscheint Bonafides einfach und bescheiden zu sein. So kann er nicht lesen (vgl. IV, 7) und behauptet gegenüber dem Tempelherrn, ihn nicht zu verstehen (vgl. IV, 2). Die Aufträge des Patriarchen schlagen allesamt fehl, was allerdings weniger als Zeichen seiner Einfalt als vielmehr als Zeichen seiner unbedingten Aufrichtigkeit gelten kann. Zu wichtigen Fragen hat er durchaus eine sehr reflektierte Meinung und kann diese auch pointiert und unaufdringlich kundtun. Als er Nathan aufsucht, um ihn zu warnen, gibt er sich als derjenige zu erkennen, der ihm im Auftrag Wolf von Filneks Recha übergab, und gewinnt damit sein Vertrauen.

Bescheidenheit und scheinbare Einfalt

[1] subversiv: Als Subversion bezeichnet man eine Tätigkeit im Verborgenen, deren Ziel der Umsturz einer bestehenden Ordnung durch Unterwanderung und Untergrabung ist.

Der Klosterbruder als Nathans Bruder im Geiste – Vorrangstellung des Menschen vor der Religion

Obwohl er selbst Christ ist, rechtfertigt er ihre Erziehung als Tochter eines Juden damit, dass Nathan ihr hierdurch die größtmögliche Liebe gegeben habe, derer er fähig sei. „Zum Christentume hat's noch immer Zeit" (IV, 7, V. 3016). Mit diesem Ausspruch beweist der Klosterbruder seine undogmatische religiöse Haltung. Der Mensch und sein Wohlbefinden sind ihm wichtiger als eine konfessionelle Unterweisung. Damit wird auch er zum Mitstreiter Nathans, dem „es g'nügt ein Mensch/Zu heißen" (II, 5, V. 1313f.). Blinder Judenfeindlichkeit tritt er zudem mit dem Argument entgegen, dass Jesus selbst Jude gewesen sei, und beweist damit eine weit durchdachtere Haltung als die anderen christlichen Figuren des Stückes. Er geht sogar so weit, seine eigene Kirche für deren jahrhundertealten Judenhass (vgl. IV, 7) sowie die unselige Hinwendung zu weltlichen Interessen (vgl. I, 5) zu kritisieren. Nathan erkennt hierdurch in ihm einen Bruder im Geiste, der ebenso gottergeben handelt wie er selbst und den er darum in seine leidvolle Vorgeschichte einweiht, um ihn als Fürsprecher zu gewinnen (vgl. IV, 7).

3. Sprachgebrauch und Sprachverhalten

Die Sprache des Klosterbruders verrät sehr deutlich, was er wirklich denkt. Wohl auch aufgrund dieser Ehrlichkeit misslingt ihm die Durchführung seiner Aufträge. Dass er die intriganten Pläne des Patriarchen lediglich referiert, macht er mit wiederholten sprachlichen Zeichen für seine innere Distanz und seinen Ekel deutlich („sagt der Patriarch", I, 5, z. B. V. 628). Gefühlsäußerungen wie Freude, Furcht, Mitleid und Bewunderung drückt er durch Ausrufe und Fragen deutlich aus und erzeugt damit beim Leser einen Widerhall dieser Stimmungen. Die scheinbare Ungeschicklichkeit, mit der er seine Aufgaben angeht, und deren selbstironische Kommentierung wirken komisch und verschmitzt („Ja, ja, er hat schon recht, der Patriarch!/Es hat mir freilich noch von alledem/Nicht viel gelingen wollen, was er mir/So aufgetragen. – Warum trägt er mir/Auch lauter solche

Sachen auf?"; IV, 1, V. 2379ff.). Das Urteil des Tempelherrn, der ihn als einen „grade[n], fromme[n], liebe[n] Mann" (IV, 1, V. 2419) bezeichnet, erweist sich somit als treffend.

4. Zusammenfassende Bewertung

Der Klosterbruder ist die einzige christliche Figur des Stückes, die von Lessing uneingeschränkt positiv dargestellt wird. Als Eremiten fehlen ihm das Machtstreben und der Fanatismus, die die übrigen Christen des Stückes so verabscheuungswürdig machen. In schlichter Gottergebenheit zeichnet er sich durch seine „fromm[e] Einfalt" (IV, 7, V. 3032) aus, die ihn liebens- und vertrauenswürdig erscheinen lässt. Seine Funktion für den Handlungsgang des Dramas besteht darin, durch sein Streben nach Wahrheit und Menschlichkeit zu einer guten Lösung wesentlich beizutragen und manches Mal durch seine selbstironische und bescheidene Heiterkeit den Leser zum Schmunzeln zu bringen. Zugleich zeigt er exemplarisch einen Weg auf, trotz der Gebundenheit an die negativ dargestellte Institution Kirche christliche Werte durch ein menschenfreundliches Leben positiv zu verwirklichen.

Saladin

1. Personalien und sozialer Status

Die fiktive Figur des Sultans Saladin hat ein historisches Vorbild. Es handelt sich um Salah-Ed-Din, einen islamischen Herrscher, der im Jahr 1187 Jerusalem eroberte und damit als erfolgreicher Gegenspieler der Kreuzfahrer gilt. Damit ist der Herrscher eine Realfigur, die mit ihrem historischen Vorbild seine Position als aufgeschlossener und militärisch siegreicher Herrscher über Jerusalem gemeinsam hat.

Für seine Rolle im Drama ist eine gute Tat in der Vorgeschichte entscheidend: Aufgrund der äußerlichen Ähnlichkeit seines verschollenen Bruders Assad mit einem gefangen genommenen gegnerischen Tempelherrn hat er diesen als Einzigen überraschend begnadigt (vgl. I, 1). Sein außerordentlicher Familiensinn zieht sich als wesentlicher Charakterzug durch die gesamte Dramenhandlung: So begegnet er dem Leser fast ausschließlich als Privatperson in seinem Palast, wo er häufig beim Schachspiel oder im Disput mit seiner Schwester Sittah gezeigt wird (vgl. II, 1 – 3; IV, 3, 5; V, 7).

2. Wesentliche Charaktereigenschaften: Saladins idealistische Neigung zu realitätsfernen politischen Visionen

Von seinen politischen Ideen und Handlungen erfährt der Leser vor allem durch Gespräche mit seiner Schwester Sittah und seinem Schatzmeister Al-Hafi. Trotz seiner machtvollen Position zeigt er sich darin oftmals als realitätsfremder Visionär, dem ein friedlicher, islamisch-christlicher Mischstaat (vgl. II, 1) ohne Not und Armut vorschwebt (vgl. I, 3). Dies gedenkt er durch eine geschickte Heiratspolitik zu erreichen. Er hofft dabei einerseits auf das Entstehen eines starken und mächtigen Geschlechts und andererseits auf dauerhaften Frieden im Orient. Obwohl er für diese utopischen Ziele offene und verdeckte Kritik erntet (Sittah verspottet seine Idee als „schönen Trau[m]“; II, 1, V. 866, und Al-Hafi bezeichnet insgeheim Saladins Umgang mit Geld als „gutherz’gen Wahn“; I, 3, V. 461.), bleibt er seinen idealistischen Prinzipien beharrlich treu. Dass er diese letztlich nicht verwirklichen kann, liegt ihm zufolge an der aggressiven und intoleranten Haltung der Tempelherren (vgl. II, 1) und seinen begrenzten finanziellen Kapazitäten.

Offenheit und Naivität

Zu Saladins offener Wesensart gehört auch eine Schwäche im Bereich politischen Taktierens. Obwohl er sich aufgrund seiner Freigiebigkeit ständig in finanziellen Nöten befindet, ist er über mögliche Kreditgeber in Jerusalem nicht informiert (vgl. II, 3) und scheut sich zunächst, Sittahs Anschlagsplan auf Nathan durchzuführen (vgl. III, 4). Lange nach dessen Weggang fragt er immer noch nach dem Verbleib seines Schatzmeisters, von dessen innerem Zwiespalt er offensichtlich nichts bemerkt hat (vgl. V, 1). Die stets leeren Staatskassen bereiten ihm zwar durchaus Sorgen, führen jedoch nicht zu einem vernünftigeren Umgang mit dem Geld. So lässt er es geschehen, dass ganze Völker ausgebeutet werden, damit er Einzelnen seine Mildtätigkeit beweisen kann (vgl. I, 3). Außerdem weist er seinen Schatzmeister an, Geld nicht von denen zu borgen, die er einst reich gemacht hat, um sie nicht moralisch zu bedrängen (vgl. II, 2), und bringt es nicht über sich, nach dem Hören der Ringparabel Nathan um Geld zu bitten (vgl. III, 7). Seine persönliche Anspruchslosigkeit wird deutlich, wenn er bekennt, lediglich „Ein Kleid, Ein Schwert, Ein Pferd – und Einen Gott" (II, 2, V. 990) zu brauchen.

Hochmut und Selbstgefälligkeit

Trotz vieler guter Eigenschaften lässt sich Saladin von seiner Schwester überreden, Nathan eine Falle zu stellen. Im Bewusstsein seiner Herrschermacht empfängt er ihn als Untertan im Palast und begründet die für Nathan verfängliche Frage nach der wahren Religion selbstgefällig damit, dass er „selber nachzugrübeln nicht die Zeit/Gehabt" (III, 5, V. 1851 f.) habe.

Lernbereitschaft und Selbstkritik

Als Zuhörer Nathans zeigt er sich dann jedoch lernbereit und schließlich selbstkritisch. Nach und nach lässt er sich auf die Geschichte ein und erkennt dann beschämt die Anmaßung seiner Frage sowie seine eigene Unbedeutendheit („Ich Staub? Ich Nichts?"; III, 7,

Saladins anfänglich hochmütige und selbstgefällige Haltung gegenüber dem „Juden" (Düsseldorfer Schauspielhaus)

V. 2057f.). Saladin ist im Drama jedoch nicht nur Lernender, sondern auch Erzieher. So weist er den Tempelherrn entschieden in seine Schranken, als dieser sich zu aggressiven antijüdischen Ausfällen hinreißen lässt (vgl. IV, 4), und bietet sich der verzweifelten Recha gegenüber tröstend als Vater an (vgl. V, 7). Damit nimmt er gegenüber den Geschwistern unbewusst bereits die (Ersatz-)Vaterrolle ein, die ihm in der Schlussszene schließlich rechtmäßig zugestanden wird.

Erzieher- und Vatergestalt für den Tempelherrn und Recha

3. Sprachgebrauch und Sprachverhalten

Saladin zeichnet sich als Privatperson insbesondere durch seine Herzlichkeit und Menschenfreundlichkeit aus. Überschwänglich lobend äußert er sich vor allem über die Mitglieder seiner Familie und sieht ihnen etwaige charakterliche Schwächen nach. Seine geistige Beweglichkeit und spontane Begeisterungsfähigkeit zeigen sich in seinen zumeist situationsangemessenen Ausrufen und Kommentaren, so beispielsweise als Zuhörer der Ringparabel („Herrlich! herrlich!“; III, 7, V. 2028). Der gehäufte Gebrauch von Imperativen verweist darauf, dass er es gewohnt ist, gegenüber Untergebenen wie etwa Al-Hafi und zunächst auch Nathan einen Befehlston anzuschlagen und dabei auch seiner Ungeduld deutlichen Ausdruck zu verleihen („Lass uns zur Sache kommen!“; III, 5, V. 1820). Dennoch spricht es für seine geistige Aufgeschlossenheit und Wandlungsfähigkeit, dass er kurz darauf bescheiden und fast schon demütig Nathan um dessen Freundschaft bittet.

4. Zusammenfassende Bewertung

Saladin verkörpert im Drama den Typus eines weltmännischen und aufgeklärten Herrschers und ist damit eine überwiegend positive Figur. Die ihm zugewiesenen negativen Eigenschaften ermöglichen es jedoch zugleich, ihn als Lernenden in das Erziehungsgeschehen im Drama einzubeziehen, und zeigen zudem die Kehrseite jeder absolutistischen Machtausübung. Auch wenn er Einzelnen gönnerhaft gegenübertritt, beruht seine Macht doch auf Gewalt und Willkür. Dagegen stehen seine religionsübergreifende Toleranz, die sich sowohl in seinen politischen Visionen als auch im Umgang mit dem Tempelherrn und Recha schon vor der Offenbarung ihrer verwandtschaftlichen Verhältnisse zeigt, und seine tragende, integrierende Funktion in der Schlussszene. Hierdurch wird deutlich, dass Lessing die historische Figur Saladin aus dem Blickwinkel der Aufklärung betrachtet und interpretiert.

Sittah

Sittah ist die Schwester des Sultans Saladin. Ihr Alter lässt sich kaum rekonstruieren. Dass sie ihren verschollenen Bruder Assad und ihre Schwester Lilla nicht kennt (vgl. IV, 3), lässt darauf schließen, dass sie erst nach deren Verschwinden geboren wurde und somit etwa zwanzig Jahre zählt. Indes setzen ihr politischer Scharfsinn, ihre Gelehrsamkeit und ihre Aussage, sie könne Rechas „Mütterchen" (V, 6, V. 3524) sein, ein weit höheres Alter voraus.

1. Personalien und sozialer Status

Ihrem Status als Prinzessin am Hof wird sie mit ihrer kühlen Intelligenz und ihrem ausgeprägten Sinn für politisches Taktieren mehr als gerecht. Durch die Fähigkeit, ihren Bruder offen oder versteckt zu beeinflussen, erweist sie sich als geheime Drahtzieherin vieler palastinterner Entscheidungen. Dabei versteht sie sich darauf, entsprechend ihrer Rolle als Frau ihre Machtposition nicht allzu offensichtlich werden zu lassen, sondern diese auf eine eher subtile Weise auszuüben.

Die Schwester Saladins wird zunächst als dessen Partnerin beim Schachspiel vorgestellt, bei welchem sie außerordentliches Geschick beweist (vgl. II, 1, 2). Da das Schachspiel das Spiel der Herrscher und Fürsten ist, verweist dies symbolisch bereits auf ihr kühles machtpolitisches Kalkül und ihre Souveränität. Im Wissen um die unvernünftige finanzielle Großzügigkeit ihres Bruders nimmt sie zwar dessen Geld als Gewinn oder Trost für jedes ihrer gemeinsamen Spiele an, jedoch nur, um es heimlich wieder sei-

2. Wesentliche Charaktereigenschaften: Machtorientierung und heimlicher Einfluss am Hof

nem Schatzmeister Al-Hafi zuzuführen und damit für die Erhaltung des Hofes zu sorgen (vgl. II, 2). Dadurch beweist sie nicht nur ihre selbstverständliche Hilfsbereitschaft, sondern in gewisser Weise auch ihre intellektuelle Überlegenheit ihrem Bruder gegenüber. Es spricht für ihre Klugheit im Umgang mit ihm, dass sie dabei stets bemüht ist, ihn dies möglichst nicht spüren zu lassen. So begegnet sie seinen manchmal naiven oder überschwänglichen Verhaltensweisen mit Nachsicht, greift jedoch gleichzeitig korrigierend oder manipulativ in seine Geschicke ein. Von Saladin hochgeschätzt, kann sie zumeist ihren Willen durchsetzen.

Hilfsbereitschaft und Überlegenheit in der Beziehung zu ihrem Bruder Saladin

Sittah verfügt als einzige Frauenfigur des Dramas über eine umfassende Bildung, die es ihr ermöglicht, an den politischen Gesprächen der Männer gleichwertig zu partizipieren. So hat sie nach eigener Aussage viele Bücher gelesen (vgl. V, 6) und kennt sich überdies im gesellschaftlich-sozialen Gefüge Jerusalems sehr genau aus. Im Wissen um die finanziell miserable Situation ihres Bruders bringt sie sogleich Nathan als möglichen Kreditgeber ins Gespräch, von dessen Reichtum und ökonomischem Geschick sie durch Al-Hafi erfahren hat (vgl. II, 2).

Umfassende Bildung

Bei der Durchsetzung ihres daraufhin reifenden Planes, an sein Geld zu kommen, geht sie konsequent, nüchtern und skrupellos vor. Anstatt zu bitten, will sie Nathan in eine Falle locken und ihn damit zur Herausgabe seines Geldes zwingen (vgl. II, 4). Ihre Strategie, eine Schwäche Nathans zu finden und ihn bloßzustellen, offenbart die besondere Art und Weise ihres Verständnisses und ihrer Ausübung von Macht. Sie weiß genau, dass sie als Frau sehr viel subtiler vorgehen muss, um Erfolg zu haben. In Anlehnung an die in Fabeltieren veranschaulichten menschlichen Eigenschaften vergleicht sie sich deshalb mit einem Fuchs, der mit einem Löwen – hiermit ist ihr Bruder gemeint – auf Jagd geht (vgl. III, 4). Zudem findet sie es gerechtfertigt,

Selbstverständliche und mitleidslose Machtausübung

zur Durchsetzung der Interessen des Hofs „[e]in jedes Ding nach seiner Art zu brauchen" (III, 4, V. 1772). Im Umgang mit Unterlegenen verfährt sie dementsprechend kalt und berechnend und empfindet „Vergnügen" (III, 4, V. 1755) bei der Vorstellung, den weisen Nathan in Verlegenheit zu bringen.

Härte und Vorurteile gegenüber Vertretern anderer Religionen

Ihre Härte gegenüber den meisten Personen des Dramas mit Ausnahme ihres Bruders erklärt sich zum Teil auch aus ihren Vorbehalten gegenüber Vertretern anderer Religionen. So weist sie die Vision ihres Bruders Saladin, durch Heiratspolitik einen dauerhaften Frieden und eine gemeinsame Herrschaft von Christen und Muslimen zu schaffen, skeptisch zurück. Dabei unterstellt sie den Christen generell religiöse Überheblichkeit und übertriebenes Machtstreben (vgl. II, 1). Ihre Sichtweise bewahrheitet sich allerdings an den meisten christlichen Figuren des Stücks. Die Haltung gegenüber dem Juden Nathan ist indes weniger reflektiert und spiegelt den platten Antijudaismus zu Lessings Zeit. Da die Juden eine gesellschaftlich untergeordnete Rolle spielen, betrachtet sie sie in erster Linie unter dem Aspekt der Nutzbarkeit und will Nathan deshalb zuerst sein Geld und schließlich auch noch seine Tochter nehmen (vgl. IV, 5).

3. Sprachgebrauch und Sprachverhalten

Sittahs „[k]alte, ruhige Vernunft" (V, 6, V. 3564) zeigt sich auch an ihrem Sprachgebrauch. Im argumentativen Schlagabtausch mit Al-Hafi oder Saladin agiert sie so souverän, dass diese ihr zumeist nur wenig entgegenzusetzen haben. Scheinbar mühelos ist sie in der Lage, aus dem Gedächtnis all jene Informationen im Wortlaut abzurufen, die Al-Hafi einst leichtsinnigerweise über seinen Freund Nathan im Palast geäußert hat (vgl. II, 3). Obwohl ihr Bruder durchaus erkennt, dass sie ihre sprachliche Intelligenz auch dazu nutzt, um die Durchsetzung fragwürdiger Interessen zu beschönigen (vgl. III, 4), kann er sich ihr letztlich nicht widersetzen. Ihre wohlüberlegte Art und Weise zu sprechen legt sie nicht einmal im Angesicht einer vor ihr niederfallenden, weinenden und verzweifelten Recha ab, sondern zwingt diese im Gegenteil im Befehlston dazu, die Fassung wiederzugewinnen (vgl. V, 6).

4. Zusammenfassende Bewertung

Die Schwester des Sultans lässt sich als eine statische Figur beschreiben, die – im Gegensatz etwa zu ihrem Bruder – keinen Wandlungs- oder Lernprozess durchmacht. Bewusst wird sie nicht zur Zeugin der Ringparabel, die als Auslöser für die Erziehung und Veränderung Saladins gelten kann. Wirklich herzlich zeigt sie sich im Umgang mit ihrem Bruder und beweist damit einen Familiensinn, der sich allerdings auf ihre biologische Familie beschränkt. Ihre dramatische Funktion besteht darin, als seine Kontrastfigur die negativen Seiten der Herrschaft zu verkörpern und für spannende Momente mit ungewissem Ausgang zu sorgen. So bringt sie durch ihr kühles, teilweise menschenverachtendes politisches Taktieren und ihre selbstverständliche, unkritische Ausübung von Macht andere Figuren – insbesondere Nathan – in bedrängende Situationen und stellt sie vor ernste Bewährungsproben. Symbolisch drücken sich diese Eigenschaften durch ihre Kennzeichnung als geschickte Schachspielerin aus. Indem sie Saladin ein Bildnis Assads zeigt und Recha aus Neugier in den Palast holen lässt und sie dort geschickt ausfragt, leistet sie zudem einen Beitrag zur Aufklärung der wahren Verwandtschaftsverhältnisse.

Der Tempelherr

1. Personalien und sozialer Status

Die wahre Identität des Tempelherrn ist fast bis zum Schluss rätselhaft und unklar. Er selbst stellt sich Daja gegenüber als „plumper Schwab“ (I, 6, V. 778) und Nathan gegenüber als Curd von Stauffen (vgl. II, 7) vor. Dass er der Sohn Assads, eines Bruders Saladins, ist und mit Geburtsnamen Leu von Filnek heißt, weiß er zunächst nicht. Sein Vater konvertierte zum christlichen Glauben, gab sich selbst den Namen Wolf von Filnek und heiratete eine christliche Frau aus dem Geschlecht der Stauffen, mit der er zwei Kinder bekam. Als sie starb, wurde der gemeinsame Sohn von ihrem Bruder, Conrad von Stauffen, erzogen. Obwohl Leu also muslimische Wurzeln hat, gehört er dem Orden der Tempelherrn an, der im Kreuzzug gegen die Muslime in Jerusalem kämpft.

2. Wesentliche Charaktereigenschaften: Loyalität den Idealen des Ordens gegenüber

Mit der Geschichte seiner Herkunft sind Konflikte bezüglich seiner Identität geradezu vorprogrammiert. Als Mitglied seines Ordens fühlt sich der Tempelherr den Idealen seines Ordens verpflichtet. So kämpft er in der Schlacht bei Tebnin gegen Saladins Heer und bricht damit das Waffenstillstandsabkommen. Auch bei der Frage, warum er als Christ das vermeintliche jüdische Mädchen Recha aus den Flammen gerettet habe, beruft er sich auf die Maximen des Ordens: Es sei „der Tempelherren Pflicht, dem ersten/Dem besten beizuspringen, dessen Not/Sie sehn" (II, 5, V. 1213ff.) würden. Unkritisch übernimmt er jedoch auch die engstirnige Judenfeindlichkeit vieler Christen und äußert diese mehrmals gegen Nathan und dessen Familie (vgl. II, 5; IV, 4).

Identitätsverwirrung

Die Identifikation mit dem Orden wird jedoch erstmals infrage gestellt, als der gefangen genommene Tempelherr überraschend als Einziger von Saladin begnadigt wird, während seine Mitstreiter allesamt in Jerusalem hingerichtet werden. Seither beschäftigt ihn die Begründung Saladins, er habe große Ähnlichkeit mit seinem verschollenen Bruder Assad. Sichtbar verwirrt streift Leu „unter Palmen" (I, 1, V. 110) in der Nähe des Grabes Christi umher. Dass ihm kein fester, bestimmbarer Ort zugeordnet wird, verweist auf den unbeständigen und ruhelosen Charakter des „Sonderlings" (II, 5, V. 1191), seine Heimatlosigkeit und seine religiöse Entwurzelung. Mehrfach und für die übrigen Figuren unvorhersehbar wechselt er seine Ansichten und gibt dadurch dem gesamten Geschehen dramatische Wendungen.

Durch Saladins Milde wird sein Selbstbild als Tempelherr radikal infrage gestellt. Hinzu kommt erschwerend eine für einen christlichen Ordensbruder unerfüllbare Liebe zu dem vermeintlichen jüdischen Mädchen Recha. Im Gespräch mit Nathan äußert er seine Zweifel an den Kreuzzügen, die er als „fromme Raserei“ (II, 5, V. 1297) entlarvt. Radikal gibt er seine einstige christliche Identität auf („Ich Tempelherr/Bin tot“; III, 8, V. 2135f.). Im Islam vermutet er im Laufe der Zeit richtig seine wahren Wurzeln und will darum wie einst sein Vater Assad zu einer anderen Religion konvertieren. Erst in der Schlussszene des Dramas wird angedeutet, dass die Sehnsucht nach seiner Heimat Palästina aus seinen Kindheitserfahrungen resultiert und unbewusst ein Grund für die Teilnahme am Kreuzzug war (vgl. V, 7).

Auf der Suche nach sich selbst

Die Wandelbarkeit Leus zeigt sich insbesondere in seiner Beziehung zu Nathan. Dessen Integrität motiviert ihn zunächst, seine Judenfeindlichkeit abzulegen und ihm ein Freundschaftsangebot zu machen. Die zögerliche Reaktion Nathans, als Leu später um die Hand Rechas anhält, veranlasst ihn dazu, das Vertrauensverhältnis wieder infrage zu stellen. Als er von Rechas christlicher Identität erfährt, wittert er eine Chance, ihm „das Messer an die Kehle/Zu setzen“ (V, 5, V. 3393f.) und sie gegen seine Zustimmung zur Frau zu gewinnen. Rat suchend wendet er sich ausgerechnet an den Patriarchen, obwohl er diesen bereits als Ränkeschmied und Anstifter zum Mord kennengelernt hat. Nur dessen offensichtliche „Blutbegier“ (IV, 4, V. 2803) bringt ihn wieder zur Besinnung. Erneut bricht sein Zorn hervor, als er Nathan vor Saladin als „jüd'schen Wolf/Im philosoph'schen Schafpelz“ (IV, 4, V. 2780f.) bezeichnet und damit in alte, antijüdische Vorurteile zurückfällt. Hierfür wird er von Saladin scharf zurechtgewiesen und reagiert reumütig.

Launenhaftigkeit und Temperamentsausbrüche

Ähnlich ambivalent verhält er sich gegenüber Recha, die er zunächst schroff ablehnt, anschließend glühend verehrt

Leidenschaftliche und besitzergreifende Liebe zu Recha

und der er zum Schluss in geschwisterlicher Verbundenheit zugetan ist. Seine Liebe zu ihr ist leidenschaftlich und besitzergreifend. So bezeichnet er sie gegenüber Nathan schon bald mit „[u]nsr[e] Recha" (II, 5, V. 1325) und lässt nichts unversucht, sie zur Frau zu bekommen. Später, als er Nathan indirekt an den Patriarchen verraten und damit beide in Gefahr gebracht hat, stellt er überheblich sein Angebot zur Flucht mit ihr als die einzige Rettungsmöglichkeit dar und verkennt dabei seinen eigenen Anteil an der Misere (vgl. V, 5). Seine Obsession für Recha bringt ihm gar einen entschiedenen Tadel Saladins ein, der mit seiner liebevollen, aber bestimmten Art zu seinem Erzieher wird: „Was du gerettet, ist/Deswegen nicht dein Eigentum." (V, 8, V. 3721 f.) Leu benötigt aufgrund seiner Labilität einige solcher Interventionen, um den rechten Weg zu finden und zu sich selbst zu kommen.

Die guten Seiten des Tempelherrn: Lernfähigkeit und Unbestechlichkeit

Dennoch ist Leu auch lernfähig. Seine „raue Tugend" (II, 5, V. 1192) wird zuerst von Nathan erkannt und im Gespräch hervorgelockt. Beide sehen den Wert des Menschen abseits von aller religiösen und nationalen Zugehörigkeit in dessen Menschlichkeit. Seine Humanität und seine Toleranz beweist Leu durch zwei Taten: Er rettet das vermeintliche jüdische Mädchen Recha aus dem Feuer und weigert sich, im Auftrag des Patriarchen Saladin zu hintergehen und zu ermorden. Dabei beweist er spontane Hilfsbereitschaft, Unbestechlichkeit und Loyalität. Späte Einsicht in seine Fehler zeigt er zudem, als er sich in einem Monolog selbst Rechenschaft ablegt und zugibt, dass trotz all seiner gegenteiligen Bemühungen Rechas wahrer Vater „[i]n Ewigkeit der Jude" (V, 3, V. 3251) bleibe, dem allein ihr guter Charakter zu verdanken sei. Auf Nathans Eröffnung, er sei Rechas Bruder, reagiert er zunächst ungläubig, kann dann jedoch seine Dankbarkeit gegenüber Nathan glaubwürdig zum Ausdruck bringen. Der Lernprozess Leus verläuft allerdings alles andere als geradlinig und bedarf zahlreicher Anstöße und Zurechtweisungen durch Lehrer wie Nathan und auch Saladin.

3. Sprachgebrauch und Sprachverhalten

Der Emotionalität des Tempelherrn entspricht sein ausdrucksstarker Sprachgebrauch. Seinem aufbrausenden Temperament entsprechend verwendet er häufig Ausrufesätze und Imperative (vgl. z. B. I, 6, V. 708ff.) und scheut sich auch nicht, Kraftausdrücke zu verwenden (vgl. IV, 4, V. 2780). Das Denken in Stereotypen findet sich in seiner Vorliebe für Sprichwörter und Floskeln (vgl. I, 6, V. 718f.) wieder, während sich seine Launenhaftigkeit in dem raschen Wechsel der Anrede seines Gegenübers spiegelt. So zögert er nicht, sich Nathan mit dem Ausruf „Mein Vater“ (III, 9, V. 2178) an den Hals zu werfen, nachdem er ihn einige Zeit zuvor mit „Jude“ (II, 5, V. 1199) beschimpft hat. Rhetorische Geschicklichkeit beweist er hingegen etwa in der klaren Argumentation, mit welcher er im Gespräch mit

Nathan und der Tempelherr (Ateliertheater Wien)

dem Klosterbruder dem Ansinnen des Patriarchen widerspricht, sowie in dem Gespräch mit demselben (vgl. I, 6; IV, 2). Einzig in der Kommunikation mit Recha bleibt er stumm und ungeschickt, weil er von ihrer Anwesenheit völlig überwältigt scheint (vgl. III, 2).

4. Zusammenfassende Bewertung

Leu von Filnek umschreibt seinen Charakter und seine Funktion für das Stück wohl am besten selbst, wenn er von sich sagt, er sei „ein junger Laffe,/Der immer nur an beiden Enden schwärmt,/Bald viel zu viel, bald viel zu wenig tut" (V, 5, V. 3401 ff.). Mit seinen spontanen Gefühlsumschwüngen sorgt er für Dynamik im Drama, das durch seine Aktivitäten noch zur Tragödie zu werden droht. Sein brausendes Temperament und seine Labilität zeichnen ihn als eine Figur aus, welche sich in verschiedene Richtungen entwickeln kann und darum erst zum Guten erzogen werden muss. Bis zum Schluss neigt er zu spontanen und emotionalen Ausbrüchen, die seine Teilhabe an der großen Menschheitsfamilie im Schlusstableau des Dramas noch gefährden. Dass er sich durchringen kann, Nathan zu danken und Recha als seine Schwester anzuerkennen, lässt ihn letztlich dennoch als positive Figur erscheinen.

Daja

1. Personalien und sozialer Status

Die Christin Daja ist die Witwe eines schweizerischen Kreuzfahrers, der im Heer Kaiser Friedrichs I. gedient hat und auf einem Feldzug gestorben ist (vgl. I, 6). Nach seinem Tod ist sie in Palästina geblieben und arbeitet seither im Hause des Juden Nathan als Gesellschafterin für dessen Tochter Recha. Obwohl sie von ihm stets mit sehr großzügigen Geschenken entlohnt wird, empfindet sie ihre Aufgabe, ein „Judenmädchen zu erziehn" (I, 6, V. 756), als unter ihrem Wert.

2. Wesentliche Charaktereigenschaften: Dajas Glaubensdünkel

Dajas Verhältnis zu Nathan ist aufgrund ihres Glaubensdünkels ambivalent: Obwohl sie in ihm einen guten Menschen sieht, empfindet sie die Annahme eines christlichen

Mädchens durch einen Juden als ein vor Gott sträfliches Geschehen (vgl. I, 1). Rücksichtslos klagt sie deshalb ausgerechnet vor Nathan über die Gewissensqualen, die ihr die Wahrung des Geheimnisses um Rechas Herkunft bereitet.

Ihr Verständnis von Religion und Glauben prägt Dajas gesamtes Wesen und Verhalten entscheidend. Deshalb wird sie von Recha sehr zutreffend als „eine von den Schwärmerinnen, die/Den allgemeinen, einzig wahren Weg/Nach Gott zu wissen wähnen“ (V, 6, V. 3586ff.), bezeichnet. In ihrem Glaubenseifer übersieht sie jedoch häufig nicht nur die Empfindungen und Bedürfnisse anderer Personen, sondern verliert manches Mal auch den Bezug zur Realität. So beurteilt Recha rückblickend den erzieherischen Einfluss Dajas, ihr „Seufzen,/Ihr Warnen, ihr Gebet, ihr Drohen“ (V, 6, V. 3600f.), die zu Heldenmythen stilisierten Geschichten über die Kreuzfahrer sowie ihren Glauben an übernatürliche Wesen wie z. B. Engel (vgl. III, 1), als schädlich. Tatsächlich scheint Dajas indoktrinierender Erziehungsstil Recha in ihrem Glauben daran, ein Engel habe sie aus dem Feuer gerettet, bestärkt zu haben.

Dajas Erziehungsstil: religiöse Indoktrination

Sehnsucht nach Europa und Verrat an Nathan

Neben dem übereifrigen Einsatz für ihren Glauben ist das Handeln Dajas von der Sehnsucht nach ihrer Heimat Europa motiviert. In Palästina fühlt sie sich nicht wohl und hofft deshalb auf eine Möglichkeit, in ihre alte Heimat zurückzukehren. So fasst sie in intriganter und egoistischer Weise den Plan, den Tempelherrn mit Recha zu verkuppeln, damit dieser mit seiner Braut auch sie als ihre Gesellschafterin nach Europa heimführt (vgl. III, 10). Für die Verwirklichung ihrer Absichten begeht sie sogar Verrat an Nathan und offenbart zuerst dem Tempelherrn und schließlich Recha ihr Wissen über die christliche Abstammung ihrer Pflegetochter (vgl. III, 10; V, 6). Mögliche weitreichende Folgen dieser Entscheidung – sie treibt den Tempelherrn Rat suchend geradewegs in die Arme des Patriarchen und bewirkt bei Recha tiefe Verzweiflung und Verlustängste – bedenkt sie in ihrer Engstirnigkeit indes nicht.

Aufgrund ihrer geschwätzigen und aufdringlichen Art wird sie von den meisten Gesprächspartnern spontan abgelehnt. Während Nathan ihrem aufgeregt-sensationsheischenden Ton zumeist mit nachsichtigen Ermahnungen begegnet (vgl. I, 1), reagiert der Tempelherr darauf zunächst ungehalten und schroff (vgl. I, 6). Ihre Neigung zur Überzeichnung und Fehldeutung der Wirklichkeit kommt am deutlichsten zum Ausdruck, als sie sich ausmalt, was geschähe, wenn Nathan ihren Verrat bemerkte. Ihr Ausruf „Ich wär des Todes!" (III, 10, V. 2368) zeigt sowohl eine völlige Verkennung Nathans als auch ihre Gier nach Aufmerksamkeit.

3. Sprachgebrauch und Sprachverhalten

Mit ihrem blinden Missionseifer verkörpert Daja im Drama den Typus einer religiös Verblendeten, die die folgenschweren Auswirkungen ihrer Taten nicht einmal rückblickend reflektieren und an ihnen reifen kann. So bleibt sie trotz ihrer Nähe zu Nathan an jeglichen Erziehungsprozessen unbeteiligt. Ihre mangelnde Lernbereitschaft und -fähigkeit haben religiösen Fanatismus zur Ursache, der ihre guten Absichten ins Gegenteil verkehrt und sie damit zu einer negativen und statischen Figur macht. Die „gute böse Daja" (V, 6, V. 3572) taucht deshalb auch bei dem Versöhnungsgeschehen im Schlusstableau des Dramas nicht auf.

4. Zusammenfassende Bewertung

Der Patriarch

Der Patriarch von Jerusalem ist das geistliche Oberhaupt der Diözese und hat damit den Rang eines Bischofs. Da jedoch die Muslime mit Saladin an der Spitze Machthaber in Jerusalem sind, tritt der Patriarch nicht in der Öffentlichkeit politisch auf, sondern agiert verdeckt und intrigant. So erfährt der Leser zumeist nur indirekt durch seinen unwilligen Boten, den Klosterbruder, von ihm. Für sein wichtigstes

1. Personalien und sozialer Status

Ziel, den Machtgewinn und -erhalt der Kirche, ist ihm jedes Mittel recht. Das Machtstreben eines eigentlich Unterlegenen zeichnet ihn bereits zu Beginn als lächerliche, wenn auch gefährliche Figur aus. Bereits das äußerliche Erscheinungsbild verrät Grundzüge seines Charakters. Dass er sich „mit allem geistlichen Pomp“ (IV, 2, Regieanweisung) ausstattet, offenbart seine Oberflächlichkeit sowie sein völlig unangemessenes Machtgehabe. Dieses kontrastiert mit der wohltuenden Bescheidenheit des eigentlichen Machthabers Saladin, der für sich selbst nur „[e]in Kleid“ (II, 2, V. 990) beansprucht. Der erste Eindruck auf den Tempelherrn – „ein dicker, roter, freundlicher Prälat“ (IV, 2, V. 2455) – zeigt zudem seine leibliche und geistige Unbeweglichkeit, täuscht jedoch über die von ihm latent ausgehende Gefahr zunächst hinweg.

2. Wesentliche Charaktereigenschaften: Streben nach weltlicher Macht

Mit seinem Streben nach weltlicher Macht verkörpert der Patriarch die unseligen Folgen der jahrhundertelangen Verquickung von Kirche und Staat, wie sie sich sowohl zu Zeiten der Kreuzzüge als auch zu Zeiten Lessings gezeigt haben. Die Verwunderung des Klosterbruders, „[w]ie doch ein Heiliger, der sonst so ganz/Im Himmel lebt, zugleich so unterrichtet/Von Dingen dieser Welt zu sein herab/Sich lassen kann“ (I, 5, V. 634 ff.), ist damit nicht nur eine Kritik an dem Patriarchen, sondern auch an der christlichen Kirche.

Implizite Kirchenkritik

Im Gegensatz zum Bekenntnis Nathans ist der Glaube für den Patriarchen nicht aufrichtige Überzeugung, sondern Mittel zum Zweck des staatlichen Machterhalts. Religion soll der Aufrechterhaltung der „bürgerlichen Bande“ (IV, 2, V. 2580) dienen.

„Blutbegier“ unter dem Deckmantel der Religion

An Stabilität und Frieden ist der Patriarch nicht interessiert, sondern will den vereinbarten Waffenstillstand zwischen König Philipp II. und Saladin hintergehen (vgl. I, 5). Dafür gedenkt er dem König kriegswichtige Informationen zuzuführen, die er in seiner unersättlichen Neugier ausgekundschaftet hat. Um selbst unentdeckt zu bleiben, will er hierfür den Tempelherrn benutzen, der unerklärlicherweise in Saladins Gunst steht. Er soll zum Spion und Mörder an dem werden, der ihm sein Leben geschenkt hat. Die Argumentation zur Rechtfertigung dieser Pläne zeigt den Patriarchen als unmenschlichen Ideologen: Ein „Bubenstück/Vor Menschen [sei] nicht auch Bubenstück vor Gott" (I, 5, V. 686f.). Mit dieser bigotten[1] Haltung sucht er eigennützig auch grausame persönliche Interessen unter dem Deckmantel der Religion zu rechtfertigen. Saladin sei als „Feind der Christenheit" (I, 5, V. 690) zu betrachten und darum einer Freundschaft nicht würdig. Seine Intoleranz und Dummheit stehen im Widerspruch zum Denken der Hauptfigur und kennzeichnen ihn darum als dessen Gegenspieler.

Der Patriarch als Ideologe und „Antiaufklärer"

Als Ideologe wehrt er sich gegen die Vernunft und wirkt damit geradezu antiaufklärerisch. Gegenüber dem Rat suchenden Tempelherrn tritt er sogleich ohne näheres Wissen über den Sachverhalt mit dem Anspruch auf, dass sein „Rat auch anzunehmen" (IV, 2, V. 2475) sei. Eine kritische Überprüfung nach den Gesetzen der Vernunft sei abzulehnen, wenn es um das Heil der Kirche gehe. Damit versteckt sich der Patriarch hinter seinem Amt und nimmt einen völlig unangemessenen Anspruch auf Unfehlbarkeit ein. Seine geistige Trägheit zeigt sich darin, dass er zu dem vom Tempelherrn geschilderten Sachverhalt sofort wissen will, ob es sich um ein „Faktum oder eine Hypothes'" (IV, 2, V. 2511) handele, denn im zweiten Fall lohne sich das Nachdenken nicht und sei höchstens für das Theater geeignet. Hier arbeitet Lessing seine persönliche Kritik an dem Hamburger

[1] Bigotterie (*oder Scheinheiligkeit*): ein übertrieben frömmelndes, gegenüber anderen Meinungen intolerantes und unreflektiertes Verhalten. Nach außen hin wird dies mit der völligen Identifikation mit dem Glauben an die eigene Religion oder eine religiöse Autorität gerechtfertigt.

Hauptpastor Goeze[1] ein, mit welchem er zur Entstehungszeit des Dramas einen öffentlichen Disput führte.

Intoleranz, Judenhass und menschenverachtende Doppelmoral

In dem dann folgenden Schlagabtausch über den Fall eines ungenannten Juden, welcher ein elternloses christliches Mädchen angenommen und aufgezogen habe, zeigt sich seine grausame Starrheit. Auf jeden entlastenden Einwand äußert er monoton, wie mit dem Mann zu verfahren sei: „Tut nichts! Der Jude wird verbrannt.“ (IV, 2, z.B. V. 2546) Mit seinem vorschnellen und gewissenlosen Verdammungsurteil agiert er im genauen Gegensatz zu dem weisen Richter der Ringparabel, welcher bescheiden auf ein Urteil im Streit der drei Brüder verzichtet. Die Argumentation des Patriarchen – es sei besser, zu sterben als auf eine solche Weise gerettet zu werden; der Jude pfusche Gott in seinen Plan; eine Erziehung ohne ein klares Bekenntnis widerspreche der „Pflicht/Zu glauben“ (IV, 2, V. 2562f.) – offenbart eine menschenverachtende Doppelmoral und unerbittlichen Judenhass. Dadurch wird sogar die Lebensrettung eines Kindes zum Gegenstand eines Vorwurfs, wohingegen die eigenen, egoistischen Machenschaften mit dem „Eifer Gottes“ (IV, 2, V. 2593) gerechtfertigt werden. Auch schämt er sich nicht, den Tempelherrn zuerst zum Verrat und Mord an Saladin anzustiften, ihm dann mit ihm zu drohen („Saladin,/Vermöge der Kapitulation,/Die er beschworen, muss uns, muss uns schützen“; IV, 2, V. 2570ff.) und schließlich, als das nicht klappt, kriecherisch darum zu bitten, ein gutes Wort bei dem Herrscher für ihn einzulegen. Ein weiterer Beweis für seine Dummheit ist sein Versuch, sich den Klosterbruder als Boten dienstbar zu machen. Mit seiner mangelnden Menschenkenntnis treibt er diesen dazu, das Gegenteil des Gewünschten zu bewirken. Seine Pläne laufen dadurch ins Leere und machen aus ihm eine zwar gefährliche, aber auch lächerliche Figur.

---

[1] Vgl. hierzu das Kapitel „Lessings Lebensstationen“, S. 71ff.

Engstirnigkeit, Intoleranz und Unmenschlichkeit des Patriarchen zeigen sich vor allem in dem monoton wiederholten Todesurteil „der Jude wird verbrannt" (IV, 2, V. 2546). Er will anders als Nathan nicht dialogisch auf Wahrheitssuche gehen, sondern seine Gesprächspartner zum Schweigen bringen und ihnen widerspruchlose Zustimmung abverlangen. Dies erreicht er mit Scheinargumenten und rhetorischen Fragen („Denn ist/Nicht alles, was man Kindern tut, Gewalt?/ – Zu sagen: – ausgenommen, was die Kirch/An Kindern tut"; IV, 2, V. 2540 ff.), die allerdings leicht zu durchschauen sind und seine geistige Begrenztheit entlarven.

3. Sprachgebrauch und Sprachverhalten

Der Patriarch von Jerusalem ist die einzige reine Negativfigur des Dramas. Er verkörpert all jene Eigenschaften, gegen die im Schauspiel plädiert wird: Bigotterie, Intoleranz, Menschenverachtung, Hochmut und Dummheit werden von ihm gewissenlos hinter der Maske christlichen Eifers versteckt. Sein Ziel, die Fortsetzung des Glaubenskrieges und der Machtgewinn der Kirche, fußt auf seiner autoritären, inhumanen Auffassung von Religion. Als Repräsentant der Kirche ist er nicht nur eine individuelle Figur, sondern auch Projektionsfläche für eine implizite Kritik Lessings an der Kirche, wie er sie in Deutschland seiner Zeit erlebte. Unübersehbar besitzt der Patriarch Wesenszüge Goezes und anderer Orthodoxer, mit denen der Autor im erbitterten Streit lag. Dass er als Gegenspieler Nathans niemals mit diesem in Berührung kommt, sondern im Drama völlig isoliert wird, zeigt seine Unbelehrbarkeit, aber auch seine Wirkungslosigkeit. Als geistiger Brandstifter hat er im Kreis der versöhnten Menschheitsfamilie keinen Platz.

4. Zusammenfassende Bewertung

Die Personen des Dramas und ihr Religionsverständnis

Für den Verlauf der Handlung sowie das Verständnis des Dramas ist die Auffassung, die die Figuren von ihrer Religion haben, wesentlich. Entsprechend der Botschaft der

Das Religionsverständnis der Figuren zwischen autoritären und humanen Positionen

„Ergebenheit in Gott“ als Ideal aller drei abrahamischen Weltreligionen

Ringparabel ist demnach nicht entscheidend, welcher Religion jemand angehört, sondern, wie er die eigene Religion auffasst und die darin enthaltenden Werte in sein Handeln integriert. Während Figuren mit einem autoritären Verständnis der Religion interreligiöse Konflikte schüren, tragen Figuren mit einem humanen Religionsverständnis zur Verständigung und Versöhnung bei. Die zugrunde liegende ideale Haltung wird mit dem Begriff „Ergebenheit in Gott“ (vgl. III, 2, V. 1590 f.; III, 7, V. 2046; IV, 7, V. 3034 ff.) ausgedrückt. Je mehr die Figuren sich diesem Ideal annähern, das interessanterweise die wörtliche Übersetzung des Wortes „Islam“ ist und sich in der religiösen Tradition aller drei Religionen wiederfindet, umso aufgeschlossener und toleranter verhalten sie sich im interreligiösen Dialog. Nathan mit seiner religionsübergreifenden Toleranz und seiner tiefen, durch Verlusterfahrungen gereiften Gottergebenheit repräsentiert dabei Endpunkt und Ziel des Erziehungs- und Entwicklungsprozesses. Seine tragende, integrierende Funktion zeigt sich auch daran, dass er mit allen anderen Figuren mit Ausnahme des Patriarchen in freundschaftlichem Kontakt steht.

Absolutheitsansprüche auf die Wahrheit als Ursache der Intoleranz

Die Negativfiguren indes zeigen mit ihrer Haltung die Ursachen für die im Stück beklagte Intoleranz auf: Sie liegt in dem Absolutheitsanspruch einer Religion auf die allein selig machende Wahrheit und das Heil. Dass im Stück vor allem die Christen eine solche Haltung an den Tag legen, offenbart Lessings implizite Kirchen- und Christentumskritik.

Wichtige Eckdaten der Religionsauffassung aller wichtigen Personen des Schauspiels können der folgenden Grafik entnommen werden.

Die Personen des Dramas und ihre Religionsauffassung

Merkmale	autoritär → human	Zitat
• Dogmatiker • machtbesessen • intolerant • antijüdische Vorurteile	autoritär **Patriarch**	„Tut nichts, der Jude wird verbrannt"
• Fanatikerin • Witwe eines Kreuzfahrers • unbelehrbar	**Daja**	„Eine jener Schwärmerinnen, die den einzig wahren Weg nach Gott zu wissen wähnen" (Recha über ihre Gesellschafterin Daja)
• als Ordensmitglied Gegner der Muslime, aber ernüchtert über religiöse Intoleranz • Identitätssuche und voreiliger Wunsch zum Übertritt zum Islam	**Tempelherr**	„Wenn hat und wo die fromme Raserei, den besseren Gott zu haben […] in ihrer schwärzesten Gestalt sich mehr gezeigt als itzt?"
• als Muslimin Monotheistin • kritisiert den christlichen Exklusivanspruch auf die Wahrheit aus schöpfungstheologischer Sicht	**Sittah**	„Als wär von Christen nur, als Christen, der Liebe zu gewärtigen, womit/Der Schöpfer Mann und Männin ausgestattet!"
• als Muslim erklärter Monotheist • Gegner der Christen, aber gewillt zum Waffenstillstand und zur Sicherung des Friedens • Toleranz gegenüber Vertretern anderer Religionen	**Saladin**	„Ein Kleid, Ein Schwert, Ein Pferd – und Einen Gott! Was brauch ich mehr?" „Als Christ, Als Muselmann: gleichviel! […] Ich habe nie verlangt, dass allen Bäumen eine Rinde wachse"
• Rollenkonflikt zwischen geistlichem Leben als Derwisch und weltlichen Aufgaben als Schatzmeister • Sehnsucht nach Kontemplation und Armut	**Al-Hafi**	„Am Ganges, am Ganges nur gibt's Menschen"
• ungewollt Bote des Patriarchen, dessen Aufträge er subversiv untergräbt • Vorrangstellung der Liebe vor der Religionszugehörigkeit • aufgeklärte, tolerante Haltung zum Judentum	**Klosterbruder**	„Und ist denn nicht das ganze Christentum aufs Judentum gebaut?"
• Lernende: zunehmende Emanzipation von Dajas Einfluss und Hinwendung zu Nathans Gottergebenheit • Gottvertrauen ist auch ohne rationale Gotterkenntnis möglich	**Recha**	„… so viel tröstender war mir die Lehre, dass Ergebenheit in Gott von unserem Wähnen über Gott so ganz und gar nicht abhängt"
• Inbegriff der aufgeklärten religiösen Toleranz • Bekenntnis zum Handeln im Sinne der Humanität • tiefe, gereifte Gottergebenheit	**Nathan** human	„Sind Christ und Jude eher Christ und Jude als Mensch?" „Ich will! Willst du nur, dass ich will!"

Der Blick auf den Text: Die Szenenanalyse

Einen Textauszug analysieren – Tipps und Techniken

Für die Analyse eines Textauszugs stehen grundsätzlich zwei verschiedene Methoden zur Auswahl: Die Linearanalyse und die aspektgeleitete Analyse.

In der **Linearanalyse** werden die einzelnen Abschnitte systematisch, das heißt ihrer Reihenfolge nach, analysiert. Dies führt in der Regel zu genauen und detaillierten Ergebnissen. Allerdings besteht dabei die Gefahr, dass die übergeordneten Deutungsschwerpunkte des Auszugs aus dem Blick geraten.

In der **aspektgeleiteten Analyse** werden diese Deutungsschwerpunkte von vornherein festgelegt. Daraus ergibt sich in der Regel eine problemorientierte und zielgerichtete Vorgehensweise. Die Deutungsaspekte, welche nicht im Fokus des Interesses stehen, werden jedoch vernachlässigt.

Aufbauschema

1. Einleitung
Themensatz: Autor, Titel, Textsorte, Erscheinungsjahr, Thema, kurze Inhaltsangabe

2. Einordnung des Textauszugs in die Dramenhandlung:
Was geschieht vorher, was nachher?

Linearanalyse

3. Inhaltlicher Aufbau
Auflistung der Textabschnitte/ Textgliegerung

4. Beschreibung und Deutung der unter 3. angegebenen Textabschnitte
- Aussagen zum Inhalt des Abschnitts
- Aussagen zur Deutung, Einbetten in den Zusammenhang des Dramas
- Einbezug der sprachlichen Gestaltung
- Überleitung zum nächsten Textabschnitt

aspektgeleitete Analyse

3. Untersuchungsschwerpunkte
Auflistung der ausgewählten Untersuchungsaspekte

4. Beschreibung und Deutung der unter 3. angegebenen Aspekte
- Benennen des jeweiligen Aspekte
- Aussagen zur Deutung, Einbetten in den Zusammenhang des Dramas
- Einbezug der sprachlichen Gestaltung

5. Schluss
- Zusammenfassung der Ergebnisse
- Einordnung in einen größeren Deutungszusammenhang
- Bewertung

Zu beiden Analysemethoden wird im Folgenden je eine (leicht abgeänderte) Schülerlösung präsentiert.

Übungsvorschlag:
Erstellen Sie zunächst jeweils eine eigene Lösung und vergleichen Sie sie dann mit den unten angeführten Vorschlägen. Überprüfen Sie: An welchen Stellen erscheint Ihnen Ihre eigene Lösung schlüssiger? Welche zusätzlichen Anregungen und Einsichten können Sie den Beispieltexten entnehmen?

Beispiel für eine Linearanalyse: Nathans „Grübelmonolog“

Aufgabe: Analysieren (beschreiben und deuten) Sie den 6. Auftritt des 3. Aufzugs.

Einleitung

Das Drama „Nathan der Weise“ von Gotthold Ephraim Lessing, verfasst im Jahr 1779, thematisiert potenzielle Konflikte zwischen Vertretern dreier Weltreligionen und appelliert an einen vernunftgemäßen und toleranten Umgang miteinander. Es spielt in Jerusalem zur Zeit der Kreuzzüge. Der machthabende Muslim Sultan Saladin will von einem reichen Kaufmann, dem Juden Nathan, Geld, welches ihm aufgrund seiner verschwenderischen Finanzpolitik fehlt. Statt ihn direkt darum zu bitten, stellt er auf Geheiß seiner Schwester Sittah dem Mann mit dem Beinamen „der Weise“ eine Falle. Er soll beantworten, welche Religion die wahre ist. Die zu analysierende Szene setzt ein, nachdem Saladin die verfängliche Frage gestellt hat und Nathan nun einen Moment zum Überlegen gibt. Es handelt sich um einen Monolog Nathans. Er dient der Vorbereitung und Hinführung zum Zentrum des Dramas, der Ringparabel, und zeigt ihn, wie er sich für die Begegnung mit dem Sultan sammelt.

Einordung des Textauszugs in die Dramenhandlung

Die Szene lässt sich in drei Abschnitte gliedern, die den Gedankenschritten Nathans während des Monologs entsprechen. Im ersten Abschnitt (V. 1865–1876) wird eine Reflexion Nathans über den Begriff der Wahrheit beschrieben. Der zweite Abschnitt (V. 1876–1884) beinhaltet den Verdacht Nathans, dass es sich bei der Frage nach der wahren Religion um eine Falle handelt. Der letzte Abschnitt (V. 1884–1890) zeigt, wie Nathan sein Dilemma gedanklich erfasst und zu einem festen Entschluss gelangt.

Inhaltlicher Aufbau

Nathan beginnt seinen „Grübelmonolog" mit einer Selbstbefragung. Seine Erwartungen über die Absichten des Sultans sind enttäuscht und er ist von der Frage nach der wahren Religion überrascht worden. Seine Verwunderung äußert er in Form von Ausrufen und Fragen an sich selbst. Die Dopplungen an den Satzenden („Was will der Sultan? Was?", V. 1866; [...] er will – Wahrheit. Wahrheit!", V. 1867) sowie die vielen gedanklichen Pausen zeigen seine gesteigerte innere Unruhe und die Intensität seines Nachdenkens.

1. Textabschnitt: Reflexion über den Begriff „Wahrheit"

Es folgt eine Reflexion des Wahrheitsbegriffs, die durch Saladins Forderung ausgelöst wird. Dass der Sultan die Wahrheit prompt und ohne weitere eigene Anstrengung erlangen will, weil er angeblich selbst zu wenig Zeit zum Grübeln habe, veranlasst Nathan dazu, dessen Wahrheitsbegriff kritisch zu hinterfragen. Dazu verwendet er die Metapher einer neuen Münze, die bar und blank ist und „[d]ie nur der Stempel macht" (V. 1872). Saladins Verständnis von Wahrheit ist Nathan zu einfach, weil für diesen nur das Endergebnis eines ihm fremden Lernprozesses zählt. Der Weg, wie jener dahin gekommen ist, und mit ihm die individuellen Voraussetzungen bleiben unberücksichtigt. Noch dazu ist bei einer neuen, gestempelten Münze im Vergleich zu einer alten ihr Wert von vornherein klar – sie muss nicht gewogen werden. Übertragen auf den Begriff von Wahrheit bedeutet dies, dass sie eindeutig und widerspruchsfrei

Metaphorische Sprache aus dem Bereich der Kaufmannstätigkeit – Wahrheit als Münze festgelegt werden soll. Wenn Saladin einen solchen Wahrheitsbegriff postuliert, glaubt er, man könne die Wahrheit besitzen.

Nathans dialogische Wahrheitssuche

Nathan hingegen präferiert eine Wahrheitssuche, die er metaphorisch mit dem kaufmännischen Wägen einer uralten Münze umschreibt. Eine solche Suche beinhaltet, den Dingen historisch korrekt auf den Grund zu gehen und sich ihrem Wahrheitsgehalt lediglich anzunähern. Saladin jedoch will sich auf ein solches – unter Umständen gemeinsames und langwieriges – Nachdenken nicht einlassen und fordert darum keine Diskussion, sondern lediglich eine Antwort. Nathan vergleicht dies mit dem einfachen Abzählen einer Münze auf ein Brett (vgl. V. 1873f.): Die Wahrheit wird nicht errungen oder durch Erfahrung gewonnen, sondern soll einfach von einem Kopf in den anderen übergeben werden. Nathan hingegen gewinnt seine Erkenntnisse stets im Dialog mit anderen oder mit der Stimme der Vernunft (vgl. IV, 7, V. 3052f.) und lehnt darum das Ansinnen des Sultans ab. Mit der Frage danach, wer von beiden der Jude sei, spielt er auf gängige antijüdische Vorurteile an, wonach Juden Wucherer und Geizhälse sind.

2. Textabschnitt: Der Verdacht Nathans, es handele sich um eine Falle

Im zweiten Abschnitt wird Nathans Verdacht thematisiert, dass es sich bei der Frage um eine Falle handele. Der gedankliche Prozess Nathans wird in Form einer weiteren Selbstbefragung fortgeführt, bei der er sich Gedanken über die Motivation des Sultans macht. In der Formulierung seiner Überlegung, ob Saladin „[d]ie Wahrheit nicht in Wahrheit fordern“ (V. 1877) könnte, steckt die Kritik an dem selbstgerechten Verhalten eines Herrschers, der seinem Gegenüber nicht das zugesteht, was er ihm abverlangt. Es kommt ihm der Verdacht, dass es sich um eine Falle handele. Obwohl ihm diese Vermutung zunächst „gar zu klein“ (V. 1879) vorkommt, geht er ihr nach und begründet diesen Schritt mit einer rhetorischen Frage danach, was für

Implizite Herrscherkritik

„einen Großen“ (V. 1880) denn zu klein sein ist. Die Kritik

an Saladin wird hier noch einmal zu einer allgemeinen Kritik an der Ausübung von Herrschaft gesteigert, indem Macht und Größe mit einem Handeln aus niederen Motiven zusammen gedacht werden. Die Selbstbefragung mündet schließlich in der Gewissheit, mit dem Verdacht richtigzuliegen, die Nathan an der Art der Fragestellung festmacht. Saladin habe sich nicht als Freund genähert, sondern sei „mit/Der Türe so ins Haus" (V. 1881 f.) gestürzt. Dieses metaphorische Sprichwort verwendet Nathan für Saladins Verhalten und führt es kontrastierend weiter: Hätte er sich als Freund genähert, wäre ein Pochen und Hören (vgl. V. 1882f.), also ein Vorfühlen und langsames Sich-Annähern, angebracht gewesen. Die Gefahr durch den machtvollen Sultan steht Nathan nun so deutlich vor Augen, dass er an sich selbst appelliert, „[b]ehutsam" (V. 1884) vorgehen zu müssen.

3. Textabschnitt: Gedankliches Durchspielen der Dilemma-Situation und Suche nach der Lösung

Der letzte Abschnitt entspricht dem nächsten gedanklichen Schritt Nathans. Er muss sich über das methodische Vorgehen klar werden („Und wie? wie das?", V. 1884), das umso schwieriger erscheint, als er sich in einer Dilemma-Situation befindet. Die beiden schlechten Alternativen spielt er gedanklich durch, um sie gleich wieder zu verwerfen: Er kann nicht als „Stockjude" (V. 1885) auftreten und seine Religion als die einzig wahre Religion anpreisen, denn damit bestätige er das Vorurteil des Tempelherrn, die Juden betrieben aus dem elitären Bewusstsein heraus, das auserwählte Volk zu sein, „Menschenmäkelei" (II, 5, V. 1288), und beleidige den Sultan als Muslim. Seine eigene Religion zu verraten jedoch geht ebenso wenig, denn dann sei eine Konversion zum Islam die Konsequenz. Die unlösbar scheinende, verfahrene Situation wird sprachlich durch die Verwendung von Hyperbeln angezeigt (vgl. V. 1886). Nathan kommt nach einer kurzen gedanklichen Pause zu einer rettenden Lösung, die dem Leser aus Gründen der Spannungssteigerung nicht verraten wird. Er wird jedoch gedanklich auf die Ringparabel vorbereitet, indem Nathan ein „Märchen“ (V. 1890) ankündigt. Der Vergleich, den er dabei anstellt („Nicht die Kinder bloß speist man/Mit Märchen ab“, V. 1889f.) beinhaltet nochmals eine verbale Spitze gegen den Sultan.

Schluss: Der Monolog Nathans als Vorbereitung auf das Zentrum des Dramas

Nathan ist am Ende seines Monologs in einer äußerst konzentrierten und selbstbewussten Verfassung. Er hat den Sultan auf der Grundlage einer nur kurzen Begegnung durchschaut, sich seine eigene Dilemma-Situation klargemacht und eine Lösungsstrategie ins Auge gefasst. Dadurch ist er nun sehr gründlich auf das Kommende vorbereitet. Als er den Sultan herannahen hört, zeigt sein innerer Ausruf „Er komme nur!“ (V. 1890), dass er sich gut für die entscheidende Begegnung mit seinem Kontrahenten gerüstet fühlt. Die Szene ist die einzige im Drama, welche Nathan allein zeigt und damit die Aufmerksamkeit des Lesers auf ihn konzentriert. Er befindet sich in einer gefährlichen und kniffligen Situation, die zu lösen unmöglich scheint. Statt jedoch zu resignieren, blickt er ihr mit analytischem Scharfsinn ins Auge und überlegt sich eine Strategie, auf die der Leser nun gespannt ist. Dabei deutet die Reflexion des Wahrheitsbegriffs bereits an, dass sich Nathan auf keine einfache Antwort festlegen wird, und die Ankündigung eines Märchens verweist auf sein geplantes Vorgehen. Als Vorlauf für die Ringparabel dient die Szene der Spannungssteigerung.

Beispiel für eine aspektgeleitete Analyse: Nathan und der Klosterbruder

Aufgabe: Analysieren (beschreiben und deuten) Sie den 7. Auftritt des 4. Aufzugs.

Einleitung

Das Drama „Nathan der Weise“ von Gotthold Ephraim Lessing, verfasst im Jahr 1779, thematisiert potenzielle Konflikte zwischen Vertretern dreier Weltreligionen und appelliert an einen vernunftgemäßen und toleranten Umgang miteinander. Es spielt in Jerusalem zur Zeit der Kreuzzüge.

Einordnung des Textauszugs in die Dramenhandlung

Der reiche jüdische Kaufmann Nathan hat in der Vorgeschichte ein christlich getauftes Mädchen, die Tochter seines Freundes Wolf von Filnek, aufgenommen. Dieser musste in den Krieg ziehen und er selbst hat seine eigene Familie durch einen Anschlag einer Gruppe fanatischer Christen verloren. Nathan hat dem Mädchen den jüdischen Namen Recha gegeben und erzieht es als seine Tochter. Die Szene setzt ein, nachdem der Patriarch von Jerusalem durch den enttäuschten und zornigen Tempelherrn hinter die Geschichte gekommen ist, allerdings ohne den Namen des Juden zu wissen. Er beauftragt den Klosterbruder, nach diesem zu forschen und ihn auszuliefern, damit er verbrannt wird. Warum Nathan einer Heirat Rechas mit dem Tempelherrn zunächst nicht zugestimmt und ihn dadurch gegen sich aufgebracht hat, ist noch unklar. Gegenüber seiner Gesellschafterin Daja hat er einen nicht näher ausgeführten Grund angedeutet.

Die zu analysierende Szene beinhaltet die Begegnung zwischen Nathan und dem Klosterbruder, der diesen vor dem Patriarchen warnen will. Damit handelt er gegen seinen eigentlichen Auftrag. Trotz einer eher ungünstigen Ausgangslage gelingt die Kommunikation zwischen dem Christen und dem Juden, weil beide zueinander Vertrauen aufbauen können. Dies hängt mit teils übereinstimmenden, teils unterschiedlichen Wertvorstellungen der Gesprächspartner zusammen, die im Folgenden näher untersucht werden. Die Szene ist parallel aufgebaut: Zunächst hat der Klosterbruder wesentliche Gesprächsanteile und anschließend Nathan. Inhaltlich benennen die beiden Eckdaten ihrer persönlichen Biografie, auf welchen ihr anschließend formuliertes persönliches Glaubensbekenntnis fußt. Zudem bringen sie die Lösung des Geheimnisses um Rechas

Herkunft entscheidend voran. Der Klosterbruder, der einst als Reitknecht Wolf von Filnek gedient hat, besitzt noch dessen Gebetbuch mit einem handschriftlichen Stammbaum darin. Er verspricht am Ende ihres Gesprächs, es Nathan zu überlassen.

Untersuchungsaspekte

Zunächst soll das religiöse Verständnis des Klosterbruders, mit welchem er Nathans Vertrauen gewinnt, untersucht und in Kontrast zu dem des Patriarchen gesetzt werden. Anschließend soll Nathans Gottesbild im Lichte seiner Biografie in den Blick genommen werden. Hiernach wird der Frage nachgegangen werden, inwiefern die Wertvorstellungen beider Gesprächspartner zum Gelingen der Kommunikation beitragen.

Die Funktion des inneren Monologs

Die Szene beginnt mit einem inneren Monolog Nathans, in welchem er sich selbst gesteht, Rechas Vater bleiben zu wollen. Diese Vorrede hat die Funktion, eine Unterscheidung zwischen biologischer und geistiger Vaterschaft anzudeuten, dem Leser zudem Nathans tiefe Liebe zu Recha als Grund für sein Handeln offenzulegen und damit inhaltlich auf das Folgende vorzubereiten.

Die einfühlsame Gesprächsstrategie des Klosterbruders

Der Klosterbruder deutet Nathan gegenüber zunächst nur vage den Grund seines Kommens an, indem er ihm von einem ihm „vertraute[n] Pfand" (V. 2933) berichtet, das er einst in Nathans Hände gelegt habe. Damit versetzt er ihn in eine für ihn untypische nervöse Erregung. Anstatt jedoch die Sache näher aufzuklären, berichtet er dann von seiner eigenen Geschichte und betont dabei, dass er nur aus der Not heraus sein Eremitendasein aufgegeben und zum Patriarchen gekommen sei, um zu erbitten, er möge ihm einen neuen Ort für sein zurückgezogenes Dasein zuweisen. Anstatt ihm jedoch dies zu gewähren, halte er ihn hin und zwinge ihn nun zu Diensten, vor denen er „großen Ekel" (V. 2953) habe. Was zunächst wie Geschwätzigkeit anmutet, ist in Wirklichkeit schon eine kluge Gesprächsstrategie, um Nathans Vertrauen zu gewinnen. Implizit offenbart der

Klosterbruder nämlich bereits seine innere Distanz zu seinem Dienstvorgesetzten sowie den Willen und die Fähigkeit zu einem eigenen Urteil in ethischen Fragen. Er gibt sich als jemand zu erkennen, dem man trauen kann.

Erst anschließend gibt er preis, worin sein Auftrag eigentlich besteht. Indem er den Patriarchen in dessen Wortlaut zitiert und dessen Haltung gleichzeitig ironisch kommentiert, führt er seine subversive Kritik an ihm und an der von ihm repräsentierten herrschenden kirchlichen Lehrmeinung weiter. Im Zentrum steht dabei der Begriff von Sünde. Der Patriarch beurteilt die Annahme und Erziehung eines christlichen Kindes durch einen Juden als Apostasie[1], was ihm als die „wahre Sünde wider/Den heil'gen Geist" (V. 2962f.) und größte aller Sünden erscheint. Damit beruft er sich auf das herrschende Kirchenrecht, an welches der Klosterbruder in seiner Rolle als Ordensmitglied ebenfalls gebunden ist. Indem er jedoch schelmisch andeutet, „dass wir, Gott sei Dank, so recht nicht wissen,/Worin sie eigentlich besteht" (V. 2965f.), stellt er die Lehrtradition als unbegründet dar und übt so Kritik an der Institution Kirche. Zugleich äußert er unumwunden seine eigene Mitverantwortung, indem er sich als der Reitknecht zu erkennen gibt, welcher Nathan das Mädchen einst übergab. Anstatt sich also auf eine kirchliche Lehrmeinung oder Autorität zu berufen, folgt er in seinem Handeln dem eigenen „Gewissen" (V. 2967) und erweist sich damit als unabhängiger und emanzipierter Christ innerhalb seiner Institution.

Nachdem Nathan zugegeben hat, Recha aufgenommen und erzogen zu haben, geht der Klosterbruder noch einen Schritt weiter. Um Nathans Zweifel zu zerstreuen und ihm sein Verständnis zu signalisieren, versetzt er sich gedanklich

1. Aspekt: Das religiöse Verständnis des Klosterbruders

Emanzipation von der Institution Kirche und ihrem Hauptvertreter

Infragestellung des traditionellen Sündenbegriffs

Einfühlung in Nathans Lage und gedankliches Durchspielen seiner Handlungsmöglichkeiten

[1] Apostasie: Der Begriff stammt aus der griechischen Sprache und bedeutet übersetzt „Abstand", „Abtreten" oder „Abfall" vom Glauben.

in dessen Lage. Er beurteilt es als „[n]atürlich, wenn das Christentöchterchen/Recht gut von euch erzogen werden sollte,/Dass Ihr's als Euer eigen Töchterchen/Erzögt“ (V. 3003 ff.).

Verteidigung von Nathans Tat als Zeichen seiner Liebe zum Kind

Für Liebe und Treue bestraft zu werden hält er für widersinnig und verwirft nach kurzer Zeit auch die theoretisch durchgespielte Möglichkeit, das Kind durch eine Christin als Christin erziehen zu lassen. Sein Hauptargument ist dabei, dass Nathan nur authentisch als Vater und Erzieher agieren kann, wenn er der Tochter die religiösen Überzeugungen weitergeben kann, die er selbst vertritt. Ein Kind brauche Liebe in „solchen Jahren mehr als Christentum“ (V. 3015). Damit beurteilt er Nathans Erziehungspraxis als die beste und einzige Möglichkeit, liebevoll mit dem Kind umzugehen. Indem er die Bedeutung der natürlichen Liebe eines Vaters für sein Kind dem Glauben an das ewige Seelenheil durch eine christliche Erziehung vorzieht, kehrt er die Argumentationsweise des Patriarchen geradezu ins Gegenteil. Er schließt seinen Gedankengang mit einer Kritik an seinen Mitchristen, indem er ihnen vorwirft, Jesu Judesein und damit den Ursprung der eigenen Religion im Judentum verdrängt zu haben.

2. Aspekt: Nathans Gottesbild im Lichte seiner Biografie

Der Klosterbruder hat Nathans Tat damit nicht nur verstanden, sondern sie zugleich auch schon vor potenziellen christlichen Anklägern gerechtfertigt. Darum bittet Nathan darum, ihn zu verteidigen, sollten sich „Hass und Gleisnerei“ (V. 3026) zu einer öffentlichen Hatz zusammenbrauen. Da er sich verstanden fühlt und zudem in der „frommen Einfalt“ (V. 3032) seine eigene gottergebene Haltung wiederfindet, gibt er seine Kontrolle auf und erzählt erstmals von der schlimmsten Krise seines Lebens. Sein Schicksal ist dem der biblischen Figur des Hiob nachempfunden, die als

Nathans persönliches Hiob-Schicksal

Sinnbild für einen unschuldig leidenden Gerechten gilt. Indem Lessing zu diesem deutliche Parallelen herstellt, reiht er seinen Nathan in die leidvolle Geschichte des jüdischen

Volkes ein und übt Kritik an dessen Verfolgung. Nathan erzählt davon, wie seine Frau und seine sieben Söhne zusammen mit allen Juden der Stadt Gath von Christen ermordet wurden. Anschließend hätten sein Glaube an Gott und sein Lebenswille derart gelitten, dass er im Zorn der „Christenheit den unversöhnlichsten/Hass zugeschworen" (V. 3050 f.) habe.

Selbsterziehung durch die Stimme der Vernunft

Nach drei Tagen – der symbolischen Zahl für Tod und Auferstehung – habe sein Denken eine Wendung genommen. Er schildert einen Prozess der Selbsterziehung, bei welchem die Stimme der Vernunft in Form von Imperativen zu ihm gesprochen habe. Die Vernunft wird zum Maßstab von Nathans Denken und Handeln sowie von seinem Gottesglauben: Ohne sie wäre er zum Fanatiker und Eiferer gegen die Christen geworden, mit ihr jedoch gelingt es ihm, das Geschehene als „Gottes Ratschluss" (V. 3054) anzuerkennen, sich wieder aufzurichten und nach vernunftgemäßen Maximen zu handeln, die er „längst begriffen" (V. 3055) habe. Für seinen Glauben weist er hiermit der Ratio und dem humanen Handeln („übe", V. 3055) eine Schlüsselrolle zu.

Der gottergebene Mensch: Vereinigung von Vernunft, Glauben und Humanität

Seine Ergebenheit in Gott drückt er aus, indem er sein eigenes menschliches Wollen und den göttlichen Willen ineinander verschränkt („Ich stand! und rief zu Gott: ich will!/ Willst du nur, dass ich will!"; V. 3058 f.). Sich fatalistisch oder resignativ aus der Welt zurückzuziehen ist nicht seine Sache. Auffallend ist, dass es die Stimme der Vernunft ist, welche Nathan in der Krise erneut zu Gott führt. Nathan bekennt damit, dass sein Gottesglaube nicht auf den biblisch bezeugten Offenbarungen oder der Vermittlung durch eine Institution fußt, sondern seinen Ursprung in der Fähigkeit des Menschen zum Vernunftgebrauch habe. Die Überwindung seines Hasses auf das Christentum zeigt sich sogleich in der liebevollen Annahme des kleinen, christlich getauften Mädchens.

3. Aspekt: Die Wertvorstellungen der Gesprächspartner als Basis einer gelingenden Kommunikation

Dem Klosterbruder erscheint Nathans Tat im Lichte seiner Biografie bewunderungswürdig und er bedenkt ihn mit dem aus seiner Sicht größten Lob: „Ihr seid ein Christ!“ (V. 3067) Um Christ zu sein, zählt für ihn also nicht die formelle Zugehörigkeit, sondern die Verwirklichung der vom Christentum postulierten Werte wie etwa Nächsten- und Feindesliebe. Nathan versteht und gibt das Lob weiter („was/Mich euch zum Christen macht, das macht Euch mir/Zum Juden“, V. 3068 ff.). Beide wollen damit nicht etwa den anderen für die eigene Religion vereinnahmen, sondern bekunden ihre Annäherung aneinander. Sie beruht auf einem beiderseitig bewiesenen Vertrauen und einer Übereinstimmung wichtiger Wertvorstellungen. Beide beurteilen das sittliche Tun als wesentliches Kriterium für ein wahrhaft religiöses Leben, welches der Klosterbruder in Weltferne als Eremit, Nathan hingegen inmitten der Welt und den Menschen leben will. Indem sie sich gegenseitig als gottergeben anerkennen, überwinden sie die Grenzen ihrer jeweiligen Religion und leben die im Drama geforderte Toleranz vor.

Nathan und der Klosterbruder – Gegenseitige Annäherung und gelebte Toleranz (Szenefoto aus der Inszenierung von Thomas Neumann an der Vorpommerschen Landesbühne Anklam)

Schluss

Die Begegnung zwischen dem Klosterbruder und Nathan ist für das Drama in verschiedener Hinsicht zentral. Durch den Klosterbruder wird eine christliche Frömmigkeit vorgestellt, die zwar nicht an den auch in intellektueller Hinsicht reflektierten Glauben Nathans heranreicht, aber doch eine positive Möglichkeit von Religiosität darstellt. Dies erklärt, warum sich Nathan dem Klosterbruder als Einzigem ganz öffnet und ihm eine Art Summe seines eigenen Glaubens darlegt. Dieser ist im wahrsten Sinne des Wortes leidgeprüft und enthält das Bekenntnis zur Vernunft, Toleranz und Humanität. Der Dialog der beiden führt in exemplarischer Weise vor, wie die Verständigung zwischen Vertretern unterschiedlicher Religionen gelingen kann.

Der Blick auf die Prüfung: Themenfelder

Dieses Kapitel dient zur unmittelbaren Vorbereitung auf die Prüfung: Schulaufgabe bzw. Klausur oder schriftliche bzw. mündliche Abiturprüfung. Die wichtigsten Themenfelder werden in einer übersichtlichen grafischen Form dargeboten. Außerdem verweist eine Liste mit Internetadressen (S. 151) auf mögliche Quellen für Zusatzinformationen im Netz.

Die schematischen Übersichten können dazu genutzt werden,

- wesentliche Deutungsaspekte des Dramas kurz vor der Prüfungssituation im Überblick zu wiederholen,
- wichtige Aspekte der sprachlichen Gestaltung und des Aufbaus zu wiederholen,
- die Entstehungssituation des Dramas anhand wichtiger Eckdaten in Erinnerung zu rufen und
- mögliche Verständnislücken nachzuarbeiten.

Zum Verständnis der Schemata ist die Kenntnis der vorausgehenden Kapitel unerlässlich. Die folgenden Schwerpunktsetzungen beruhen auf Erfahrungen aus jahrelanger Prüfungspraxis. Die Übersicht I (Vergleichsmöglichkeiten mit anderen literarischen Werken, S. 147) soll als Anregung dienen, um den eigenen Lektürekanon auf möglicherweise interessante Vergleichspunkte hin abzuklopfen.

Übersicht I: Vergleichsmöglichkeiten mit anderen literarischen Werken

Lessings „Nathan der Weise“ – Ein dramatisches Gedicht

Lessings Dramenkonzeption im Vergleich

- mit einem Drama des epischen Theaters, z. B. Bertolt Brechts „Der gute Mensch von Sezuan“ oder „Der kaukasische Kreidekreis“,
- mit einem weiteren Ideendrama, z. B. Friedrich Schillers „Don Carlos“ oder Johann Wolfgang Goethes „Iphigenie auf Tauris“

Figurenvergleiche

Nathan

- mit der Figur des Richters Azdak aus Brechts Drama „Der kaukasische Kreidekreis“,
- mit der Figur des Jossel Rakover in Zwi Kolitz „Jossel Rakovers Wendung zu Gott“,
- mit der Figur Kung aus Brechts Fragment „Leben des Kunfutse“ (Szene „Der Ingwertopf“)

Lessings Kommunikationsstrukturen im Vergleich

- mit Büchners Drama „Woyzeck“,
- mit Friedrich Dürrenmatts tragischer Komödie „Der Besuch der alten Dame“

Motivvergleiche

- Das Motiv der Familie bei Lessing und in Schillers Drama „Die Räuber“ bzw. „Don Carlos“ sowie im Werk Franz Kafkas (z. B. in der Parabel „Heimkehr“ oder in der Erzählung „Die Verwandlung“)
- Das Motiv der Erziehbarkeit des Menschen in Georg Büchners „Woyzeck“
- Religions- und Absolutismuskritik bei Lessing und in Goethes Gedicht „Prometheus“
- Das Motiv des Umgangs mit Verlusterfahrungen und Gewalt in der Lyrik jüdischer Autoren nach 1945
- Das Motiv der Wahrheitssuche und des Erkenntnisstrebens bei Lessing und in Goethes „Faust“
- Das Menschenbild bei Lessing und in Friedrich Dürrenmatts tragischer Komödie „Der Besuch der alten Dame“
- Der Begriff von Wahrheit und Lüge bei Lessing und in Jurek Beckers Roman „Jakob der Lügner“

Übersicht II: Die Entstehungssituation des dramatischen Gedichts

„Nathan der Weise“ im historischen Kontext

Quellen zur historischen Figur des Sultans Saladin

- Darstellungen des Sultans Saladin aus Texten französicher Schriftsteller (Marin und Voltaire)
- Lessings Akzentuierung:
  Übernahme des Bildes eines aufgeklärten, weltmännischen Herrschers
  Funktion der schlechten Eigenschaften (z. B. Schwierigkeiten im Umgang mit Geld): Betonung der Lern- und Entwicklungsfähigkeit und Spiegelung der Problematik absolutistischer Herrschaftsausübung

Quelle zur Ringparabel

- Boccaccios „Decamerone“
- Lessings Akzentuierung:
  Veränderung des Namens und des Charakters des Juden, Sittah als Urheberin des geplanten Anschlags, Saladin als lernfähige Figur, Verschärfung der Ununterscheidbarkeit der Ringe, Weiterführung der Parabel durch Einführung einer Richterfigur
- Ziel: Betonung des erzieherischen Grundtons

Der historische Hintergrund

Die Situation

- der im 18. Jahrhundert in Deutschland lebenden Juden,
- des Theaters im 18. Jahrhundert,
- des Bürgertums im 18. Jahrhundert

Der „Fragmentenstreit“ mit dem Hamburger Hauptpastor Goeze
Lessings geschichtsphilosophische Schrift „Die Erziehung des Menschengeschlechts“
Die Auseinandersetzung zwischen Lessings jüdischem Freund Moses Mendelssohn und Johann Caspar Lavater

Übersicht III: Formale Aspekte des Dramas

„Nathan der Weise" – Ein dramatisches Gedicht

Sprache

Blankvers:
- fünfhebiges jambisches und ungereimtes Versmaß
- sprachliche Annäherung an eine natürliche, authentische Dialogsprache
- englische Vorbilder (Shakespeare)

Aufbau

- klassischer Fünftakter
- zentrale Stellung der Ringparabel als Mittelpunkt der Handlung (Verschränkung von Dramenhandlung und Parabel)
- Vorverlagerung wichtiger Taten von Vertretern aller drei Religionen in die Vorgeschichte des Dramas (Nathans Annahme des christlichen Waisenkindes; Saladins Begnadigung des Tempelherrn; Rettung Rechas aus dem Feuer durch den Tempelherrn)
- vorangestelltes Motto, das auch auf dem Theater Götter verheißt → implizierte Theologiekritik und Aufwertung des Theaters

Gattung

„Dramatisches Gedicht":
- Einordnung zwischen Lyrik und Dramatik
- weder eindeutig Komödie noch Tragödie
- Elemente der Tragödie (z. B. Verlust der Familie Nathans durch ein christliches Pogrom in der Vorgeschichte; die verfängliche Frage des Sultans nach der wahren Religion; die Bedrohung durch den Patriarchen)
- Elemente der Komödie (z. B. Rollenkonflikte und dadurch verschmitzt-komische Kommentare des Klosterbruders und Al-Hafis; die geschwätzige Gesellschafterin Daja und ihr naiver Glaube; die lächerlichen Charakterzüge des Patriarchen)
- Bezweiflung bzgl. der Aufführbarkeit des Stücks

Ideendrama

- Ideendrama: In der Handlung wird der geschichtsphilosophische Gehalt deutlich
- optimistische Entwicklungsidee: Der Mensch ist erziehbar und strebt nach Vervollkommnung (vgl. hierzu Lessings Schrift „Die Erziehung des Menschengeschlechts")
- lehrhafter Grundton
- Hauptfigur als Idealtypus der im Drama postulierten Werte: Toleranz, Gottergebenheit, Humanität

Übersicht IV: Der parabolische Charakter des Dramas

bildhafte/parabolische Sprache des Dramas

Zentrale Bildbereiche des Dramas

- Pflanzenmetaphorik (z. B. Nathans „Samen der Vernunft“ gegen Dajas „Unkraut oder Blumen“ (III, 1) als Symbol unterschiedlicher Erziehungsstile / „Nur muss der Knorr den Knuppen hübsch vertragen“ als Toleranzforderung Nathans (II, 5, V. 1280 ff.))
- Feuer-/Wassermetaphorik (Schlüsselbegriff „verbrennen“ (z. B. I, 2) als Symbol für die Zerbrechlichkeit des Friedens; die Kreuzzugsrealität und das vergangene Leid Nathans und „Tränen“ als Symbol für Angst und Leid (z. B. II, 5, V. 1250 ff.; IV, 7, V. 3045 ff.))
- Geldmetaphorik (Wahrheit als „Münze“, Wahrheitssuche als kaufmännische/merkantile Tätigkeit (III, 6))
- Spielmetaphorik (Schachspiel als Spiel der Herrscher und Fürsten; Sittah und Saladin als unterschiedliche Schachspieltypen als Symbol ihrer unterschiedlichen Art und Weise der Machtausübung (III, 1–3); Al-Hafis Kritik an Saladins Schachspiel als Kritik an seiner „Geckerei“ (II, 9))

Die Ringparabel

- Funktion: wechselseitige Erhellung von Dramenhandlung und Parabel
- zeitliche und räumliche Distanzierung
- Charakter eines orientalischen Märchens
- doppelte Spiegelung theologischer Fragestellungen:
  Problematik der Zeit der Dramenhandlung (Kreuzzugsproblematik des Mittelalters)
  Entstehungszeit des Dramas (Lessings Kontroverse mit Goeze und anderen Vertretern der Orthodoxie)

Internetadressen

Unter diesen Internetadressen kann man sich zusätzlich informieren:

- www.teachsam.de/deutsch/d_literatur/d_aut/les/les_dram/les_nathan/les_nathan_0.htm
  (umfangreiche Materialsammlung zum Drama mit Hintergründen und unterrichtspraktischen Hinweisen)
- www.gottholdephraim-lessing.de
  (ausführliche Beschreibung von Lessings Leben und Werk)
- www.schule.at/index.php?url=themen&suchtext=lessing&top_id=1812
  (Dossier des österreichischen Schulservers mit zahlreichen Links zu Texten, Arbeitsblättern und biografischen Informationen)
- www.xlibris.de/Autoren/Lessing/Werke/Nathan%20der%20Weise
  (Kurzbiografie, Zusammenfassung zentraler Werke sowie Zitatesammlung von und über Lessing)
- www.youtube.com/watch?v=LenOm4JSYaY
  (Vortrag der Ringparabel)
- www.klassiker-der-weltliteratur.de/lessing.htm
  (Kurzbiografie und Hinweise zum Werk)
- www.hellfirez.de/web/referate/inhalte/nathan.htm
  (Inhaltszusammenfassung und Figurenkonstellation)
- www.chh.de.free.fr/archiv/ESS/Deutsch/StoffsammlungRingparabel.pdf
  (Stoffsammlung zur Ringparabel mit Hinweisen zur Gliederung und Interpretation)
- www.al-sakina.de/inhalt/artikel/lessing_islam/lessing_islam.html#IV
  (Studienvortrag zum Thema „Lessing, der Islam und die Toleranz“ mit Hintergründen zu Lessings Verhältnis zum Islam)
- lehrerfortbildung-bw.de/faecher/deutsch/projekte/dramatik/nathan/inszenierungen/index.html
  (umfangreiche Sammlung von Lehrerfortbildungsmaterialien)
- www.inhaltsangabe.info/nathan-der-weise/nathan-der-weise-kostenloses-hoerbuch
  (kostenloses Hörbuch mit vereinfachtem und verändertem Text)

[Stand: 20.12.2010]

Literatur

Textausgabe

Gotthold Ephraim Lessing: Nathan der Weise, bearbeitet und hrsg. von Johannes Diekhans. Schöningh Verlag, Paderborn [13]2009

Literatur- und Quellenverzeichnis

Albrecht, Wolfgang: Gotthold Ephraim Lessing. Stuttgart/Weimar 1997

Arendt, Dieter: Gotthold Ephraim Lessing. Nathan der Weise. Grundlagen und Gedanken. Frankfurt a. M. [6]1998

Barner, Wilfried u. a.: Lessing. Epoche – Werk – Wirkung. München [6]1998

Erläuterungen und Dokumente. G. E. Lessing. Nathan der Weise. Hg. v. Peter von Düffel. Stuttgart 2006

Fick, Monika: Lessing-Handbuch. 2., durchgesehene und ergänzte Ausgabe. Stuttgart/Weimar 2004

Gotthold Ephraim Lessing: Sämtliche Schriften. Hg. v. Karl Lachmann. 3. A., besorgt durch Franz Muncker, 23 Bände, Stuttgart 1886–1924. Reprint Berlin, Bd.13

Kant, Immanuel: Beantwortung der Frage: Was ist Aufklärung? 1784. In: Aufsätze zur Geschichte und Philosophie. Hg. v. J. Zehbe. Göttingen 1967

Kuschel, Karl-Josef: „Jud, Christ und Muselmann vereinigt"? Lessings „Nathan der Weise". Düsseldorf 2004

Pressler, Mirjam: Nathan und seine Kinder. Weinheim/Basel 2009

Sternburg, Wilhelm von: Gotthold Ephraim Lessing. Reinbeck bei Hamburg 2010

Will, Timotheus: Lessings dramatisches Gedicht Nathan der Weise und die Philosophie der Aufklärungszeit. Paderborn/München/Wien/Zürich 1999

Internetquellen

„Funken aus der Asche eines Toten". Vor 225 Jahren starb der Gelehrte und Dichter Gotthold Ephraim Lessing. Artikel von Silke Osman in der Preußischen Allgemeinen Zeitung, 11. Februar 2006, zit. in: www.webarchiv-server.de/pin/archiv06/0620060211paz23.htm [Stand: 20.12.2010]

Johann Wolfgang von Goethe an Eckermann, zit. in: www.literaturkritik.de/public/rezension.php?rezid=5230&ausgabe=200208 [Stand: 20.12.2010]

Zubke, Friedhelm: Motive moralischen Handelns in Lessings „Nathan der Weise", zit. in: webdoc.sub.gwdg.de/univerlag/2008/zubke.pdf [Stand: 20.12.20101]

Materialsammlung

www.teachsam.de/deutsch/d_literatur/d_aut/les/les_dram/les_nathan/_les_nathan_O.htm [Stand: 20.12.2010]